LES ORIGINES

DE LA

CARTOGRAPHIE

DE L'EUROPE SEPTENTRIONALE

PAR

M. LE Dr E.-T. HAMY

(Extrait du Bulletin de Géographie historique et scientifique, 1888, N° 6)

PARIS
ERNEST LEROUX, ÉDITEUR
28, RUE BONAPARTE, 28

1889

3

LES ORIGINES DE LA CARTOGRAPHIE

DE L'EUROPE SEPTENTRIONALE

ANGERS, IMP. A. BURDIN ET Cie, RUE GARNIER, 4.

LES ORIGINES

DE LA

CARTOGRAPHIE

DE L'EUROPE SEPTENTRIONALE

PAR

M. LE Dr E.-T. HAMY

(Extrait du Bulletin de Géographie historique et scientifique, 1888, N° 6)

PARIS
ERNEST LEROUX, ÉDITEUR
28, RUE BONAPARTE, 28

1889

LES ORIGINES

DE LA

CARTOGRAPHIE DE L'EUROPE SEPTENTRIONALE

PAR M. LE Dr E.-T. HAMY

On ne saurait refuser à l'Italie le premier rang entre toutes les nations maritimes du moyen âge. Dès l'époque carolingienne, elle se montrait féconde en marins expérimentés [1]; la construction et l'armement des vaisseaux atteignaient de bonne heure, dans ses chantiers, une remarquable perfection.

Si ses pilotes n'ont pas les premiers connu les propriétés de l'aiguille aimantée, du moins est-il vraisemblable que c'est l'un d'entre eux, Flavio Gioja, d'Amalfi, qui en a généralisé l'emploi sur les navires, en la logeant dans l'habitacle, d'où l'instrument nouveau a tiré son nom de boussole (*bossolo, bussola*) [2].

C'est chez les Italiens que l'on retrouve les plus vieux *portulans*; c'est chez eux aussi que l'on rencontre les plus anciens *matreloges* [3]. Ils ont enfin, les premiers, entre les peuples latins, tracé de véritables cartes marines : l'un de ces monuments, représentant les côtes de la mer Noire, remonterait, dit-on, aux premières années du XIIIe siècle [4].

(1) Cf. W. Heyd, *Histoire du Commerce du Levant au moyen âge*, trad. Furcy Renaud, t. I, p. 95, etc. Leipzig, 1885, in-8°. — Etc.

(2) Cf. d'Avezac, *Anciens témoignages historiques relatifs à la boussole*, note lue à la Société de Géographie de Paris. Paris, 1858, br. in-8°.

(3) *Portolano* : un manoscritto cioè o un libro che non ha tavole a disegno, ma soltanto scrittura e descrizione graduata di coste che additano le distanze da porti a porti, da capi a capi : nota le forme o indizi estrinseci che fanno distinguere i più notevoli punti a colpo d'occhio, il miglior luogo d'accesso, gli scogli e le secche, la profondità dell' acqua, il flusso e riflusso, tutto insomma che giova meglio od è necessario rappresentare collo scritto piuttosto che col disegno. (C. Desimoni, *Le Carte nautiche italiane del medio evo* (Estr. dagli *Atti della Società Ligure di Storia Patria*, vol. XIX, Genova. 1888, br. gr. in-8°, p. 13.) — Le *Marteloge* est une table de calculs, fondée sur l'hypothèse d'une navigation de cent milles, dans certaines conditions indiquées dans quatre colonnes sous les titres: *allargare, avanzare, ritornare, avanzare di ritorno*. (Id., *ibid.*, p. 15. — Cf. Id., *Elenco di carte ed atlanti nautici di autore genovese oppure in Genova fatti o conservati* (*Giornale ligustico di archeologia, storia e belle arti*, Ann II, fasc. 2 — 3, febbr. e marz., 1875.)

(4) Vivien de Saint-Martin, *Histoire de la Géographie et des découvertes*

Tout cet ensemble de faits assure, sans contredit, aux marines italiennes une place tout à fait à part dans l'histoire des progrès de la navigation et, par suite, dans celle du développement de la connaissance du globe. Cette prépondérance ainsi bien reconnue, il faut, en toute justice, constater que quelques-uns des écrivains les plus récents sur la matière élargissent démesurément le champ d'action des navigateurs italiens, en réduisant d'autant le rôle géographique d'autres nations maritimes qui, elles aussi, ont puissamment contribué à reculer dans certaines directions les limites de l'inconnu.

Les Espagnols, par exemple, pris en général, les Catalans et les Majorcains, en particulier, possédaient des forces maritimes respectables dès le commencement du IXe siècle[1]; Barcelone étendait son commerce jusqu'en Sicile au temps d'Edrisi (1154); on sait que le contenu d'un navire qui arrivait de cette ville, chargé des marchandises les plus précieuses, fut donné par Roger de Sicile au savant géographe arabe, qui venait d'exécuter pour le roi la sphère et le disque d'argent représentant le monde[2].

En 1118, Raimond, comte de Barcelone, visite Pise et Gênes et combat en Provence à la tête de ses vaisseaux[3].

Si les caraques génoises excitent, au XIVe siècle, l'admiration du Castillan Pero Tafur[4], Froissart proclame au XIIIe siècle que « sur mer Espaignos sont malle gents et ont grans vassaulx et forts[5] ».

géographiques depuis les temps les plus reculés jusqu'à nos jours, Paris, 1875, in-8°, p. 294.

(1) Hermengaire, comte d'Ampurias (*Hermingaurius comes Emporitanus*), surprend, en 813, dans les eaux de Majorque, une escadre de Maures qui venaient de ravager les côtes de Corse et s'empare de huit vaisseaux qui renfermaient plus de 500 captifs. *Rer. Gall. et Francic. Script.*, t. V, p. 62, 186, 261.)

(2) Edrisi, trad. de Goeje, *Introd.*, p. IV.

(3) D. Ant. de Capmany de Monpalau, *Coleccion diplomatica*, n° I (*Memorias historicas sobre la marina, comercio y artes de la antigua ciudad de Barcelona*, Madrid, 1779, in-4°, vol. II. p. 1-2).

(4) Pero Tafur, *Andanças y Viages*, édit. de la Espada, Madrid, 1874, in-12, t. I, p. 13. — Cf. C. Desimoni *Atti della Soc. Lig.*, vol. XV, p. 333, 1881).

(5) *Chroniques de J. Froissart*. Edit. Siméon Luce, t. IV, p. 328. — Cf. *Ibid.*, p. 321. « E vous di que Espagnols se confient grandement en leurs vaissiaus, lesquels ils ont grans et fors trop plus que les Englois. » et t. VIII, p. 37 de la même édition. « Cil Espagnols qui estoient en leurs vaissiaus si grans qu'il se monstroient tout deseure ces vaissiaus d'Engleterre. »

On sait que les Majorcains pratiquaient la boussole avant 1272[1] et que leurs *mappemondes* sont les premiers monuments de la géographie où l'on ait cherché à combiner les minutieuses indications de la *carta de marear* aux renseignements bien moins précis de l'itinéraire terrestre.

Une notable partie des navigations espagnoles prennent d'ailleurs leur cours dans une direction négligée par la plupart des autres nations marchandes de la Méditerranée.

Si les Génois franchissent de bonne heure, comme les Catalans, le détroit de Gibraltar pour affronter les périls de la grande navigation extérieure, c'est pour tenter quelques entreprises hardies le long des côtes africaines. Ils ne remontent guère vers le Nord.

Les marins d'Espagne, au contraire, accomplissent régulièrement le périple de la péninsule ibérique, et tout en se créant en France, en Angleterre et dans les Pays-Bas des relations commerciales importantes, leurs marchands et leurs pilotes rapportent de leurs voyages des connaissances géographiques, qui permettent aux cosmographes de Barcelone et de Majorque, d'élargir considérablement le champ des cartes dans la direction du Nord et du Nord-Est.

Je montrerai dans la suite de ce travail que c'est aux Espagnols en général, aux Catalans en particulier, que l'on doit les premiers linéaments à peu près exacts de la presqu'île danoise; l'essai de meilleures formes appliqué aux péninsules norvégienne et suédoise; un tracé beaucoup moins incorrect qu'aucun des précédents, de la Baltique et des contrées riveraines; enfin des données encore vagues, il est vrai, mais bien supérieures à toutes celles que l'on possédait jusqu'alors, sur le nord-est de l'Europe, sur les pays slaves en particulier.

Les Catalans ont constitué, en somme, le prototype de la carte de l'Europe septentrionale, tel qu'il s'est maintenu chez les géographes pendant près de deux siècles. C'est ce prototype que je me propose d'étudier avec quelque détail, après avoir,

(1) *Descubrimiento de la aguja nautica, de la situacion de la América, del arte de navegar y de un nuevo método para el adelantamiento en las artes y ciencias*, disertacion en que se manifiesta que el primer Autor de todo lo expuesto es el Beato Raymundo Lullo, etc... su el autor el R. P. Mtro Don Antonio Raymundo Pasqual, Madrid, 1789, petit in-4°, p. 7. — Cf. Capmany, *op. cit.* T. III, p. 72.

toutefois, rapidement résumé l'histoire des premières entreprises des marines latines dans la grande mer occidentale.

I

La première apparition des marins italiens sur les rivages de l'Atlantique, dont l'histoire ait gardé le souvenir, date du commencement du XIIe siècle. Voici dans quelles circonstances elle s'est produite[1].

C'était au temps d'Alphonse Ier, comte, puis roi de Portugal. Les Sarrasins de Séville, d'Alméria, de Lisbonne et d'autres ports encore avaient pris, dit l'*Histoire de Compostelle*, l'habitude de venir par mer en Galice. Ils détruisaient et brûlaient les églises, enlevaient toutes choses de valeur, assassinaient les hommes ou les emmenaient enchaînés, faisaient esclaves les femmes et les petits enfants, bref, saccageaient tous le pays. Aussi, « de la mi-avril à la mi-novembre, les rivages de la mer de Galice étaient-ils dépeuplés et déserts[2] ».

L'archevêque de Saint-Jacques, pour mettre un terme aux souffrances de son troupeau, ne trouva pas d'autre moyen que d'envoyer quérir au loin des charpentiers adroits qui pussent lui construire des galères et des pilotes qui les vinssent diriger.

Il n'y avait point alors en Galice d'hommes habiles dans la pra-

(1) A prendre à la lettre l'*Historia compostelana* à laquelle nous empruntons ces renseignements, les Génois auraient été appelés deux fois en Galice, en 1115 et en 1120. La comparaison des deux textes insérés, le premier dans un livre de l'*Historia* (l. I, c. CIII), le second, dans l'autre (l. II, ch. XXI), semble toutefois montrer qu'ils se rapportent à un seul événement raconté à deux reprises par les chroniqueurs avec quelques variantes. Aussi avons-nous cru devoir les fondre en un seul récit.

(2) « A temporibus Alphonsi regis bonæ memoriæ Sarraceni ab Hispali, ab Almaria, Olisbona et a ceteris locis mari finitimis navigio in Galleciam venire consueverant, ecclesias destruere ac comburere, et quæcumque inde abstrahere, homines alios trucidare, alios victos ducere, mulieres, parvulos captivare, cæteraque sibi necessaria erant in prædam, vineas, arbores succidere, domos incendere; castella etiam, sicut in Sancta Maria de Lancata et in Sancto Pelagio de Luto accedit, crebris assultibus invadere atque irrumpere, erat eis præ manibus. Hac de causa, a medio aprilis usque ad medium novembris littora Galliciani maris deserta et depopulata erant » (*Historia Compostelana hasta hoy no publicada*, l. II, ch. XXI, (*España Sagrada*; *theatro geographico-historico de la Iglesia de España*, t. XX, Madrid, 1765, pet. in-4°, p. 301.)

tique de la mer[1] et les envoyés du prélat partirent pour Arles[2], pour Gênes et pour Pise chercher les meilleurs charpentiers de vaisseaux. Un Gênois, nommé Ogerio, ramené en Galice, fabriqua deux birèmes qui délogèrent les Sarrasins des îles où ils se réfugiaient[3] et rendirent la paix au pays.

Ogerio était venu sans doute par la route de terre, seule connue de ses guides et ses luttes contre les Sarrasins s'étaient localisées aux bouches du Minho, de l'Ulla ou de la Tambre[4]. Aussi son intervention, d'ailleurs très efficace, ne fit-elle point accomplir de réels progrès à la connaissance des côtes occidentales de la péninsule ibérique[5].

La plus ancienne carte marine italienne que l'on possède[6] donne encore, un siècle et demi après le séjour d'Ogerio en

(1) Quoniam in partes Gallecie homines nautice artis periti non habebantur, Arelatum, Genuam et Pisam nuntios suos miserat, qui ad se peritissimos navium artifices illinc venire facerent. (*Ibid.*, p. 302.)

(2) On remarquera cette mention d'Arles, *Arelatum*, placée ici sur le même pied que Gênes et Pise au point de vue nautique.

(3) « Ad insulas namque que prope sunt scilicet Flamiam, Aonios, Salvaram, Aroncam, Creviam, Montemque Lauros cursus destinantes, ibi sedem suam figebant, ibique se ipsos navesque suas ab itineribus labore reficiebant. » (*Ibid.*, p. 198.) — *Mons Lauros* est le M. Louro, *Crevia*, Grove ; *Arouca* nommé ailleurs *Ouras*, Arosa ; *Salvara*, Salvora, *Aonios* appelée aussi plus loin *Laonia*, Ons. *Flamia* est dès lors, par exclusion et dans l'ordre géographique l'une des îles Cies ou Balones, ou encore Boeiro.

(4) C'est probablement la route encore indiquée dans le célèbre itinéraire brugeois publié par Lelewel (*Géographie du moyen âge. Épilogue*, p. 281-308. Bruxelles, 1857, in-8°).

(5) Les Bayonnais qui fréquentaient ces parages au XIIIe siècle n'ont laissé aucun document cartographique (Cf. *Lettres de rois, reines*, etc. T. I, p. 418 (*Coll. de Doc. inédits*). — Fr. Michel. *Histoire du commerce et de la navigation à Bordeaux, principalement sous l'administration anglaise*. Bordeaux. 1866, t. I, p. 154).

(6) Carte pisane. (*Bibl. Nat. Dép. des Cartes géogr.*, c. 1634). — Les premières notions sur ce précieux monument sont dues à Jomard, qui lui a imposé, en 1839, le nom qu'elle a porté, sans preuve aucune, jusqu'à ce jour. Jomard admettait que la carte qu'il avait achetée à Micoli et Joyau, le 19 avril 1839, était *pisane*, parce que les vendeurs lui avaient assuré qu'elle provenait « d'une ancienne famille de Pise », la chose n'était cependant point démontrée, puisque la pièce ne présente aucun caractère intrinsèque, qui justifie cette localisation. Il signalait en outre, à l'appui de son hypothèse, les mots *Izula pisany* inscrits sur la côte barbaresque, à côté de *Bugea* (Bougie) ; or, ces mots se rencontrent sur les cartes génoises les plus anciennes. L'*Atlante Luxoro* mentionne à cette même place un p^{t} *pisan*, et la carte de Visconte de 1318 a une *isolla de pisani* dans les mêmes parages (L. de Mas Latrie *Traités*

Galice, les contours extérieurs de la presqu'île sous des formes très primitives. L'orientation générale en est entièrement fausse au delà de l'embouchure du Tage, et l'on ne voit inscrits sur les côtes que fort peu de noms de lieux, estropiés pour la plupart et parfois méconnaissables. Les localités les plus remarquables n'y sont même pas mentionnées. En Portugal, Lisbonne est remplacé par *Almada*, qui en est comme le faubourg, sur la rive sud du Tage. Dans la Galice (*Galizia*), Santiago, si célèbre qu'il soit, est passé sous silence ; mais une île, désignée sous le nom d'*izula flama*[1] et une entrée de rivière où l'on déchiffre péniblement le mot *lariso*, en marquent les abords[2].

Le célèbre cap Finisterre est appelé *Sẽa maria de finibus terra* ; la Corogne, Coruña, se déforme en *civitate crosina*.

Aux Asturies et en Biscaye, le cartographe ne connaît que *Sẽo Andrea*, Santander et *Erdo*, Laredo ; enfin, en Guipuzcoa, *Ordialesi* et *Sẽo Sabastiano* correspondent au Castro de Urdiales et à Saint-Sébastien.

L'auteur de cette carte, dite *pisane*, est moins bien renseigné encore sur le littoral français. Supprimant presque complètement, d'une part, le golfe de Gascogne, de l'autre, la presqu'île bretonne ; il fait de toute cette côte, aux contours alternativement très concaves et très convexes, une courbe assez régulière, à peine un peu déprimée en son milieu et qui se dirige du sud-sud-ouest au nord-nord-est, de la Corogne au cap Saint-Mathieu. Quelques noms de provinces ou de villes, d'une identification parfois bien difficile, sont tout ce que l'on y peut lire[3]. Sainte-

de paix et de commerce... Suppl. Paris, 1872, in-4°, p. 5). La nomenclature de la soi-disant *carte pisane* est toute génoise, et la construction en est si peu spéciale, qu'on la retrouve à un peu plus d'un siècle de distance, à peine modifiée, dans l'une des cartes du majorquin Sollery.

(1) L'île Flamla et le Lauros de la *Chronique de Compostelle* mentionnée plus haut.

(2) On lit sur les côtes occidentales de la péninsule les mots que voici avec l'interprétation que nous en proposons : *Cauo Sẽo Vicenzo*, cap Saint-Vincent ; *Almada*, en face Lisbonne ; *izula Flama*, Ile Flamia ? *Lariso*, M. Lauros ou Louro ; *Sẽa Maria de finibus terra*, Sainte-Marie du Finisterre ; *Galizia*, Galice ; *Civitate Crosina*, La Corogne ; *Sẽo Andrea*, Santander ; *Ordo*, Laredo ; *Ordialesi*, Castro de Urdiales ; *Sẽo Sebastiano*, Saint-Sébastien.

(3) Voici ces noms dans l'ordre suivi par la carte : *Boiona*, Bayonne ; *Gasconia*, Gascogne ; *Sẽo Nicolau*, S. Nicolas en Grave ; *Bordelos*, Bordeaux ; *Sẽa maria de sue*, Sainte-Marie de Soulac ; *Rocella*, La Rochelle ; *Izula loira*,

Marie de Soulac et Saint-Nicolas-en-Grave, qu'on reconnaissait en gagnant Bordeaux[1], Oleron, qui couvre La Rochelle, Belle-Ile, le groupe de Glénan et le cap Saint-Mathieu qu'il faut éviter pour aller au nord, tels sont, dans toute cette étendue, les seuls points sur lesquels notre géographe ait certaines données d'ailleurs bien vagues.

Plus au nord, il est plus incorrect encore. Une seconde courbe, semblable à la première, nivelle le Cotentin et le Boulonnais d'un seul trait, et quelques rares noms de lieux s'y inscrivent dans un remarquable désordre[2]. Wissant, par exemple, se trouve au sud de Saint-Valery, Gravelines au sud de Boulogne, placé lui-même bien au nord de Wissant. L'auteur de la carte connaît par ouï-dire ces divers ports de la côte française, mais ses informateurs n'y ont point abordé, et les positions qu'il leur assigne demeurent tout à fait arbitraires, en dehors des *roses de vents* dont les rayonnements ne dépassent pas la Bretagne. Il en est de même pour l'Angleterre, *Izula engreterra*; notre cosmographe sait que la ville de Londres en est la capitale et le port le plus important : il inscrit les mots *civitate londra* au fond d'un long estuaire sinueux, mais il ouvre l'entrée de cette Tamise innommée au milieu de la côte sud, à peu près vers l'île de Wight[3]. *Civitate dobra* et *sõo pumas de contarba*

Oleron ; *Bertaigne*, Bretagne ; *Porto glamar*, Glenan ; *Izula Bilel*, Belle-Isle ; *Rasa maieu*, cap ou raz Saint-Mahé ou Saint-Mathieu.

(1) Soulac était aussi le lieu où débarquaient les pèlerins ramenés du Nord pour Saint-Jacques de Compostelle par les bateaux allant à Bordeaux. Les pèlerins gagnaient par la route des Landes Bayonne et Saint-Jean-de-Luz (Cf. Fr. Michel *op. cit.*, t. I, p. 508-510).

(2) Ce sont du sud au nord : *Buspau*, Batz ; *Dieppa*, Dieppe ; *Nermendia*, Normandie ; *Chiusan*, Wissant ; *Sõo gellaby*, Saint-Valery ; *Graralingue*, Gravelines ; *Sõa maria de bulogna*, Boulogne-sur-Mer ; *Friza*, Frise ; *Porto nium*, Nieuport ; *Brugis*, Bruges ; *Flandis*, Flandres ; *Allamaigna*, Allemagne.

(3) On remarquera que cette topographie, assez analogue à celle des Arabes, dans ses caractères généraux, lui est extrêmement inférieure comme détails. Ainsi, dans la carte edrisienne du XIIe siècle de la collection Asselin, publiée par Lelewel (*Atl.*, pl. XII), l'Angleterre montre le tracé de trois montagnes, de quatre cours d'eau, dont la Tamise, bien mieux orientée que chez le pseudo-pisan, et un certain nombre de noms de lieux : *Londes*, *Dobris*, *Hastinks*, *Sehorham*, etc., etc. L'Ecosse (*Skosia*) apparaît sous la forme d'un petit appendice digital, recourbé vers l'ouest dans la mer Ténébreuse. Une grande île, orientée transversalement, et nommée *Restanda*, occupe la place où nous trouverons plus tard la *Tile* des Catalans.

correspondent à Douvres et à Saint-Thomas de Cantorbéry, dans l'angle sud-est de l'île ; *Convalla* à la Cornouaille, dans son angle sud-ouest.

Le dessinateur n'a d'ailleurs aucune idée des formes de la Grande-Bretagne, de ses dimensions réelles, de ses rapports avec le continent, de l'existence d'autres îles dans son voisinage, et il la représente sous l'aspect d'un trapèze irrégulier, de hauteur relativement médiocre et complètement séparé de toute autre terre, au nord aussi bien que vers les autres points de l'horizon.

Tel était l'état des connaissances géographiques des italiens vers le troisième quart du XIIIe siècle, en ce qui touchait aux pays baignés par la mer extérieure. Cette mer continuait à leur inspirer une véritable terreur ; traverser ses redoutables tempêtes et braver les pirates qui en sillonnaient les abords était considéré comme un véritable exploit nautique[1].

Les expéditions des Italiens vers le Nord commencent d'une manière active et se poursuivent avec continuité, à partir d'une date bien postérieure à la confection de la carte dont nous venons d'examiner brièvement les régions septentrionales[2]. Les premières navigations génoises, dont on ait gardé le souvenir dans l'histoire d'Angleterre, ne remontent pas au delà du règne d'Édouard Ier. Une société de marchands, ayant à sa tête un certain Luciano, avait chargé un gros navire ou *coche* de diverses marchandises précieuses d'Orient, dépassant la valeur de 14.300 mcs. sterling. Quoique muni de lettres de protection et

(1) « *Il n'y a personne qui oserait prendre son large*, dit Abou Rihan le birounien en parlant de l'Atlantique, *on tient ses rivages.* » Et en 1431 le Vénitien Piero Quirini qui s'est détourné de sa route vers l'Ouest pour échapper aux Génois en guerre avec son pays, parle des abords des Canaries où il se trouve comme de lieux inconnus et effrayants « luoghi incogniti et spaventosi a tutti i marinieri *massimamente delle parti nostre* » (*Viaggio del magnifico messer Piero Quirini gentilhuomo Venitiano* (Ramusio. *Secondo volume delle Navigationi*, etc. Venetia, 1583, f° 200).

Cf. Capmany, *op. cit.*, t. I, p. 128-139, ch. x. *Del Comercio y navegacion a los puertos y ciudades de Flandes.*

(2) Les navigations gasconnes sont bien antérieures (Cf. Fr. Michel. *Op. cit.*, t. I, p. 85, etc.), mais elles n'ont laissé aucune trace dans l'histoire de la cartographie. On ne connaît aucune carte ancienne, aucun portulan rédigé à Bordeaux, à la Rochelle, par des pilotes indigènes ou étrangers.

de sauvegarde émanées du pouvoir royal, le navire génois fut pris et pillé près des dunes de Sandwich (*apud Dunas de Sandwico*) par le commandant même des forces d'Angleterre, Hugo le Despencer[1].

Cet attentat contre le droit des gens donna lieu à toute une longue série d'incidents diplomatiques. Nicolino de Flisco fut envoyé spécialement en Angleterre pour obtenir justice, et le roi Édouard II accorda enfin à titre d'indemnité 8.000 marcs sterling à prendre sur les droits d'entrée, de vente et de sortie, qu'avaient à payer les marchands de Gênes négociant en Angleterre[2].

Cette solution, obtenue en 1317, tend à faire croire que le commerce des Génois en Angleterre avait pris un développement particulièrement rapide et donnait lieu, peu d'années après ses premiers débuts, à un chiffre d'affaires déjà relativement élevé.

Nous connaissons plusieurs des voyages commerciaux entrepris par les Génois à cette époque. Le plus ancien est celui dont il est question dans un acte du 25 octobre 1306, récemment publié, et qui nous montre Manuel Pessagno et Leonardo, son frère, maîtres et patrons de deux galères, nolisant ces bâtiments à Janino Marocello, pour son compte et pour celui de deux marchands milanais. Les galères ont dû partir en mai 1306 de Gênes pour l'Angleterre (*de Janua ad partes Anglie*) où elles allaient

(1) Cum Yvanus Lucianus et socii sui, concives vestri, écrit le roi, quamdam Navem grossam, sive Cocham, diversis Rebus pretiosis et mercibus orientalibus in valore summam quatuordecim mille et tres centarum marcarum sterlingorum excedentibus onerassent et se versus Regnum nostrum causa negotiandi cum dictis mercibus divertissent : Literasque Protectionis et Salvæ Gardiæ a celebris memoriæ Domino Eduardo Rege Angliæ, Patre nostro, de ingrediendo dictum Regnum, ibidem mercandizando, merces inferendo et ducendo (ita tamen quod solverent custumas debitas) habuissent et sub confidentia Protectionis hujusmodi venissent apud Dunas de Sandwico, Hugo le Despencer (qui supra mare cum navibus dicti Patris nostri cum Armatâ Potentiâ prætenditur tunc fuisse) dictam navem sive Cocham contra formam Protectionis prædictæ cepit et deprædavit in magnam Depauperationem et Dampnum non modicum vestrorum concivium in custumis nobis debitis de quibuscumque prædictorum. (Rymer, t. II, p. I, p. 132.)

(2) Mercibus et merchimoniis per homines Januenses per se, vel per alios pro eis, infra dictum Regnum nostrum adductis, ibidem dimissis et abinde eductis et extractis, ita videlicet quod de singulis hujus modi mercibus sic adductis, dimissis, eductis et extractis (exceptis lanis) integra custuma, et de lanis predictæ custumæ nobis debitæ ipsis Januensibus, etc. (*Ibid.*, p. 149. — Cf. p. 201 et p. II, p. 93.)

charger de la laine. Londres (*Londres*), Sandwich (*Sanuis*), Southampton (*Antona*) sont les ports mentionnés dans cette intéressante pièce[1].

Leonardo Pessagno ne tarda pas à passer lui-même en Angleterre, où il conquit rapidement les faveurs du roi Édouard II[2]. Ce souverain protégeait d'ailleurs les entreprises commerciales des marchands et mariniers (*mercatores et marinarios*) de Gênes et il prend soin de le rappeler dans une lettre aux Génois du 18 juillet 1316, où il se plaint de rencontrer des négociants de cette ville parmi les partisans de Robert Bruce[3].

Il envoyait à Gênes, l'année suivante, Leonardo négocier le prêt de cinq galères de combat (*quinque galeas defensabiles*) pour lutter contre les Écossais[4].

Passés ainsi au service de l'Angleterre, les marins de Gênes apprennent à connaître de mieux en mieux le littoral méridional et oriental de l'île, depuis Bristol jusqu'en Écosse où les conduisent leurs croisières contre les vaisseaux de Bruce, et l'on s'expliquera fort aisément que dès 1318 l'un de leurs cosmographes, Pietro Vesconte (*Petrus Vesconte de Janua*) puisse tracer d'une manière à peu près satisfaisante les côtes de la Grande-Bretagne, des îles Sorlingues à Berwick[5].

(1) L. T. Belgrano. *Documenti e Genealogia dei Pessagno Genovesi, ammiragli del Portogallo* (*Atti della Società Ligure di Storia Patria*, vol. XV, p. 250-251, 1881.) — Tantam lanam de Anglia que sit cantaria duo milia septingenta ad cantariam Janue, pro defferendo Janue...

(2) Dilectum nobis Leonardum Pessaigne, est-il dit dans la charte du 31 janvier 1317 (v. st.) (Rymer *Fœdera*, t. II, part. I, p. 112.)

(3) ... Omnes cives et mercatores et marinarios civitatis vestræ prædictæ ubique infra Potestatem nostram venientes semper a tempore, quo Regni nostri regimen suscepimus (1308) protegi et tueri perceperimus. (Rymer, *Fœdera*, t. II, part. I. p. 98.)

(4) D'autres Génois travaillaient au contraire pour la cause de Robert Bruce La pièce du 18 juillet 1316, citée ci-dessus, mentionne Simon Dentur, Simon et Manuel Majanacha, de Gênes, compromis par des papiers trouvés sur un Écossais qui s'est fait prendre à Newcastle. (*in Villa nostra de Novi Castri super Tynam.*)

(5) En 1336, Gênes prête encore aux Anglais d'autres galères et des *ussiers* (*usceria*), vaisseaux ayant une porte ou *huis* pour faciliter l'embarquement des chevaux. (Rymer., *ibid.*, p. 151. — Cf. *Mémoire de l'amiral Benoît Zacharie à Philippe le Bel sur les moyens d'équiper une flotte et de se procurer une armée navale pour faire une descente en Angleterre* (*Notices et Extraits*, t. XX, 2e part., p. 113, 1862.)

Le Génois Vesconte a travaillé un certain temps à Venise, d'où il a daté notamment l'un de ses atlas de 1318[1]. Il n'est pas interdit de supposer que les additions d'origine génoise, consignées par lui dans le nord de ses cartes nautiques, n'ont pas été étrangères aux premières tentatives commerciales des Vénitiens en Angleterre vers 1323.

Ces premières relations des marins de Venise avec les Anglais ont d'ailleurs été marquées par des violences qui n'ont pas été sans exercer une influence fâcheuse sur les affaires des Vénitiens dans les ports Britanniques[2].

Rymer nous a conservé toute une suite de pièces relatives aux conflits qui se sont élevés entre les marins de la flotte de Venise de 1323, et ceux de Southampton et de l'île de Wight.

Dans une de ces pièces, en date du 10 avril, Joan de l'île de Wight, chevalier, expose « come n'adgaires cinq Galeis, de la ville de Venyse feussent menez en Port de Suthampton, chargeez de divers merchandizes et a ceu temps entre les Patrons, Marchantz, Maistres et Mariners des dites Galeis d'une part et mes gentz, servantz, tenantz franks et autres d'autre part contestes sourdissent en lequeu contest gentz estoient mortz d'une part et d'autres et mes biens et de mes gentz, servants et tenantz avant ditz feussent prisez, emportez, desulez et parduz en diverses maners dont a moi et mes servantz et tenantz avant ditz estoit et est accion accreu de felonie et de trespas[3]... »

Cette pénible affaire, portée devant le Parlement, se termina par la grâce des coupables, prononcée le 10 mars suivant.

(1) La première carte connue de Vesconte, datée de 1311, n'était destinée qu'à la navigation de la Méditerranée orientale et de la mer Noire. (Th. Fischer. *Sammlung mittelalterlicher Welt-und Seekarten italienischen Ursprungs und aus italienischen Bibliotheken und Archiven*... Venedig. Ongania. 1886, 1 vol. In-8°, p. 115-116.)

(2) On lit par exemple dans les analyses des *Misti Senato* de Rawdon Brown. « [The galleys] not to go to England unless the agrement be stipulated » (*Calendar of state Papers and Manuscripts relating to the english affairs existing in the Archio and Collections of Venice and other Libraries of Northern Italy* (Vol. 1, p. 3. London, 1864, gr. In-8°).

(3) Rymer, t. II, part. II, p. 68. — Cf. p. 69 et 93.) — Il est fait mention dans la dernière des pièces publiées par Rymer, non seulement des gens de Southampton (*e.s partibus Suthamptoniæ*), mais aussi de ceux de l'île de Wight (*et insulæ Vectis*).

II

Après une longue période d'hostilités [1], les marins d'Espagne et de Portugal, entretenaient alors des relations amicales avec l'Angleterre [2]. Ainsi on connaît des lettres d'Édouard Ier, du 17 février 1294 [3] à « Henri de Lacy, comte de Nicole (Lincoln) tenant son leu en Gascoigne et Johan de Saint-Johan, son senechal en ces parties » par lesquelles le roi fait savoir qu'à la demande du comte de Flandre, il a accordé un sauf conduit valable jusqu'à la Saint-Michel suivante, aux « marchans et mariniers de Espagne et de Portugal » se trouvant dans ses États et charge ces fonctionnaires de réclamer pour ses propres sujets la même faveur des souverains de Portugal et d'Espagne.

L'intervention du comte de Flandre dans cet acte montre bien qu'une partie au moins des marins de la péninsule, qui bénéficiaient du sauf-conduit royal se dirigeaient vers les ports flamands [4], après avoir touché à ceux de la Gascogne qui dépendaient de la couronne d'Angleterre [5]. Le commerce maritime

(1) M. Francisque Michel en fournit des exemples remontant aux années 1226 à 1243 (*Op. cit.* t. I, p. 153-154).

(2) Il est question par exemple, en 1290, d'un « neef de Espaigne » qui a porté à *Winchelese* du vin qui appartient à des « gents de Calais et de Saint-Omer » (*Lettres de rois, reines*, etc. T. I, p. 368 (*Coll. de doc. inédits*).

(3) Rymer, *Fœdera*. T. I. Part. III, p. 126. — Par suite d'une erreur manifeste, la même pièce revient trois ans après dans le recueil de Rymer (*Ibid.*, p. 176). Les deux documents ne diffèrent que par la date qui est du 17 février 1294 pour l'une, pour l'autre du 17 février 1297.

(4) Deux ans plus tard, suivant la chronique de Lanercost (A. D. 1296, p. 182) des pirates anglais capturaient 1,200 barriques de vin sur des bâtiments venus d'Espagne.

(5) Il existait, au XIIIe siècle, des relations maritimes habituelles entre cette partie du littoral français et les ports flamands. La grande charte de Gravelines, publiée par M. Alph. Wauters (*De l'origine et des premiers développements des libertés communales en Belgique, dans le nord de la France*, etc. — *Preuves*. Bruxelles, 1869, in-8°, p. 201-209), assure la protection spéciale de la comtesse Marguerite « a nos amés as mers et as communs de la ville de La Rochele, de la ville de Sainct Jehan d'Angéli et de la ville de Niort et à lor marcheans et à tous autres marcheans de Poitou, de Gascogne et de ailleurs de ces parties delà ». On trouvera des renseignements abondants et précis sur le commerce de la Gascogne avec le nord de la France, l'Angleterre, les Pays-Bas, dans le tome Ier du livre de M. Francisque Michel déjà cité, p. 34, 79, 104.

de la Péninsule s'était, en effet, porté, depuis de longues années déjà, vers les Flandres où l'Italie n'était encore représentée que par quelques banquiers lombards ou des marchands venus par terre des foires de France et de Champagne[1].

Grâce aux Catalans, aux Andalous, aux Galiciens, certains articles de commerce, d'origine ibérique, pénétraient au loin dans le Nord dès le milieu du XIIIe siècle. Ainsi le fer d'Espagne[2] (*ferrum de Ispania*), les draps (*saccus prunorum de Ispania*) figurent parmi les marchandises dont il est question dans les négociations douanières suivies, en 1252, par Hermann Hoyers, de Lubeck, envoyé spécial des marchands de l'Empire en Flandre[3].

Les importations de *Navarre*, de *Galice*, d'*Arragon*, de *Castel* (Castille) et *Leon* (Léon), d'*Enteluse* (Andalousie), *Sebille* (Séville) et *Cordes* (Cordoue), *Granate* (Grenade), *Mailorgues* (Majorque), occupent la plus large place dans l'énumération des

(1) M. G. M. Thomas a publié un document qui montre que des marchands de Venise allaient en Flandre dès 1273; l'association, dans cette pièce, du voyage de Flandre à celui des foires (de Champagne, probablement) montre « qu'il est question d'itinéraires continentaux (*ad feras vel in Flandriam vel ad alias partes illarum contratarum*) (G. M. Thomas, *Die ältesten Verordnungen der Venezianer für auswärtige Angelegenheit. Eine Beitrag zur Geschichte der volkerrechtlichen Verkehrs, aus archivalischen Quellen* (*Abhandl. der Münchener Akad. der Wissensch.* Phil. Hist. Klass. Bd. XIII, s. 142, 1875. — Cf. Marin. *Hist. civil. e politica del commercio del Veneziani.* Venetia 1800. Vol. V, p. 295. — Rawdon Brown. *Calend. of State Papers.* Vol. I, p. 2). — C'est à ces mêmes marchands « *universis mercatoribus per Italiam, Romaniolam, Tusciam, Siciliam, Apuliam, Calabriam, Terram laboris et Sardiniam ac aliis frequentantibus nundinas Franciæ, Campaniæ et Flandriæ* », que s'adresse la charte de l'empereur Rodolfe, datée du camp près de Porrentruy (*Burnendrut*), 30 mars 1283, que M. Gheldolf a retrouvée dans les archives d'Ypres (Warnkœnig. *Hist. de Flandre.* Éd. Gheldolf, t. V, p. 18.) Ces marchands avaient pour capitaine, en 1297, un Milanais, Albertone de Médicis. « *Albertonus de Medicis, de Mediolano, capitaneus et rector universitatis mercatorum Italiæ, nundinas Campaniæ ac regnum Franciæ frequentantium* » qui conclut, au mois de juillet de cette année, un arrangement, qu'il me suffit de mentionner ici, avec François de Dixmude (*de Dyquumua*). Philippe et Pierre Foucher, d'Ypres (Warnkœnig. *trad. cit.*, t. II, p. 504).

(2) Les ouvriers en fer de Bayonne adressaient le 24 février 1295 une pétition au roi d'Angleterre pour qu'il soit remédié au tort que leur faisait l'importation des *opera ferrea operata*, venant *de Yspania de Navarra et quibusdam aliis partibus* (*Lettres de rois, reines*, etc., t. I, p. 411. *Coll. de doc. inédits*).

(3) *Sartorius, Geschichte des Ursprungs der Hansa*, Bd. II, s. 55. — K. Höhlbaum, *Hansisches Urkundenbuch*, Bd. I, s. 144, Halle, 1876, in-4°.

produits étrangers introduits à Bruges à la même époque, tandis que l'Italie n'y est représentée que par le commerce fort restreint de la Sardaigne, alors dépendance de l'Aragon.

La Navarre envoie en Flandre des *flaches* dont on fait *sarges*, des *corduans*, des *basans*, des *ricolisses* (réglisse), des *amandres*, de la *peloterie*, des draps (toiles) dont on fait les voiles des grands navires. L'Aragon expédie les mêmes marchandises et en plus du safran et du riz. De Castille il vient de la *graine* d'écarlate, de la cire, du cordouan, de la basane, de la *flache*, de la laine, du vif-argent, du fer, etc. D'Andalousie on introduit du miel, de l'huile, des olives, de grosses figues, du raisin, etc., etc. [1].

Ajoutons que l'ordonnance de 1304 sur le commerce des épices à Bruges, fait une mention toute spéciale du sucre et du raisin de *Malique* (Malaga), des laines, du blanc, du vert et de la cire d'*Espaigne* [2].

Les marchands de la Péninsule, sont, d'ailleurs, avec ceux de la France méridionale et de l'Empire, les seuls dont il soit jamais question dans les pièces que nous connaissons sur l'histoire du commerce des Flandres au XIIIe siècle. Si l'on consulte, par exemple, les documents assez nombreux parvenus jusqu'à

(1) Du royaume de *Navarre* vient flache, dont on fait sarges, corduans, basans, ricolisses, amendres, peloterie, drap dont on fait voiles à grands nez.

Du royaume d'*Arragon* vient tex auoirs, comme de Navarre et saffrans et riz.

Du royaume de *Castele* vient graine, cire, corduans, basenne, flache, laine, peleterie, vif argens, sul, vins, comulns, heuls, amendres et fer.

Du royaume de *Leon* vient autes auoirs comme dessus est dit, saus fer.

Du royaume d'*Enleluse*, c'est de *Sébille* et de *Cordes*, vient miel, olle d'olive, cuirs, pelleterie, cire, grand figues, et raisins.

Du royaume de *Grenate* vient cire, soie, figues, raisins et amendres.

Du royaume de *Galice* vient sains, vif argent, vin, cuirs, peleterie et laine.

Du royaume de *Portigal* vient miel, peleterie, cire, cuir, graine, vins, olle, figues, raisins, balai ..

Du royaume de *Mailorgues* vient aluns et ris, cuir, figues qui croissent au pays... (*Ce sont li royaume et les terres desquex les marchandises vienneut à Bruges* (Legrand d'Aussy *Fabliaux et Contes*, Éd. Renouard, t. IV, p 9. — Warnkœnig, *Histoire de la Flandre et de ses institutions civiles et politiques jusqu'à l'année 1305*, trad. Gheldolf, t. II, p. 514-515.)

(2) Warnkœnig, *trad. cit.*, t. IV, p. 376 et suiv., 1851. — Cf. *Della decima et delle altre gravezze, etc. Tomo terzo contenente la pratica della mercatura scritta da Francisco Balducci Pegolotti* Lisbona-Lucca, 1766, in-4°, p. 295, etc.

nons sur les débats relatifs au *poids de Bruges*, qui troublèrent si profondément, pendant plusieurs années, toutes les transactions commerciales ; on n'y rencontre d'autres marchands étrangers que des Allemands, des Français, ou des Espagnols. Jamais un Pisan, un Génois, un Vénitien n'interviennent à un titre quelconque dans cette mémorable querelle.

C'est au profit des « marchans d'Espaigne et de Alemaigne » chassés par les exactions des Brugeois que Guy, comte de Flandres et marquis de Namur institue l'étape d'Ardembourg, le 26 avril 1280[1]. Ce sont « li marchant dou Roiaume de Castiele et d'Aragonne et de Navarre et de Portingal et de Cresin et de Gasconge » qui adressent au comte et au sire de Ghistelles les réclamations au sujet des « pois de balanche » que Warnkœnig a publiées d'après les inventaires des chartes de Rupelmonde[2]. C'est encore de ces marchands qu'il s'agit dans les correspondances échangées au sujet de la même affaire entre les villes de Münster, Göslar, Dortmund, Halberstadt et celle de Lubeck[3].

Enfin il n'est question, dans l'ordonnance sur les pesées du 13 août 1281, que des marchands allemands et espagnols. Johann de Dowaie et Lambert dit Witte représentent le négoce de l'Empire romain, Nicolas dit Garcie de Burs et Pierre de Antomaan, de Montpellier[4], les marchands espagnols ; pendant que Lambert

(1) Guis cuens de Flandres et marchis de Namur... sachent tous ke nous reuuerde et considere le coumun prouflt et le vtilitelt de nostre terre de Flandres et des marchans antans et repairans en elle terre pour leurs marchandises a tous marchans d'Espaigne et de Alemaigne et a tous autres marchans dautres terres ki a ces marchans desoure dis accompaigñ se verron pour anler et repairier en nostre vile de Ardembourgh et leur marchandises amener. (A. Kluit. *Historia critica Comitatus Hollandiæ et Zeelandiæ ab antiquissimis inde deducta temporibus*. Medioburgi, 1781, in-4°, t. II, p. 828.)

(2) Warnkœnig. *trad. cit.* t. IV *Histoire constitutionnelle et administrative de la ville de Bruges*, p. 78, 275, 276. Bruxelles, 1851, in-8°.

(3) K. Höhlbaum *Hansisches Urkundenbuch*. Bd. I, s. 300-301. — Le mot Provence remplace celui de *Cresin*, traduit Quercy par Warnkönig, et que je rapprocherais volontiers du *civitate crosina* de la carte pseudo-pisane. Ce serait la Galice ?

(4) Ce document a échappé aux recherches de Germain, qui ne mentionne aucune pièce relative au commerce de Montpellier avec les Flandres, antérieure à 1315. (Cf. A. Germain. *Histoire du Commerce de Montpellier, antérieurement à l'ouverture du port de Cette*. Montpellier, 1861, in-8°, t. I, p. 449, t. II, p. 37, 38, 325, 329.

Tolnare et Nicolas dit Walker, citoyens de Bruges, défendent les intérêts flamands[1].

Il est vrai qu'aux Espagnols (dont la nationalité est comprise dans le sens le plus large, puisqu'un de leurs députés est de Montpellier) se rattachent des *adhérents*, dont on ne dit pas l'origine, mais ces adhérents ne peuvent être que les Portugais, les Gascons, les Provençaux, dont les noms figurent dans les autres pièces du procès.

C'est seulement quelques années plus tard que les Italiens interviendront personnellement dans les affaires maritimes du Nord[2]. Pegolotti est à Anvers en 1315[3] comme agent des célèbres banquiers lombards, les Bardi, puis passe au même titre à Londres en 1317[4], et c'est en 1318 que Guicciardini signale la première flotte des Vénitiens dans les eaux de la Flandre[5].

C'est peut-être à bord d'un des navires de cette flotte que

(1) Johannes de Dowale et Lambert dictus Wite, ex parte mercatorum Romani imperii... Nicolaum dictum garcie de buus et petrum de Antonaan de Monpeller ex parte mercatorum hyspanorum et ipsis adherentium. Lambertum Tolnare et Nicolaum dictum Walker, oppidanos brugenses ex parte mercatorum flandrensium deputatos super balantiis et ponderatione ponderis earumden (Sartorius, *op. cit.* p. 125).

(2) Rappelons toutefois que parmi les étrangers alors établis en Flandre, il y avait plusieurs *lombards* anonymes, auxquels il est fait allusion dans une des pièces analysées ci-dessus. (Cf. Kluit *loc. cit.*).

(3) Heyd., t. I, p. XVII. — Il avait été précédé dans les Pays-Bas par le changeur Jayme (Jacobus), de Villaseca, barcelonais, établi à Dordrecht, *in Dordrech in Holandia*, dès 1299. Il est question de ce Villaseca à l'occasion d'un prêt de 26 livres sterlings par lui consenti à deux Lucquois, les frères Hugolini, établis à Boston, *in villa sancti Botholfi* et dont il n'avait point été payé comme il devait l'être, soit à Londres *apud Londres*, soit à Lincoln, *vel apud Nicholem*. (Capmany, *op. cit.* T. I, p. 129).

(4) Les Bardi étaient très bien vus du roi d'Angleterre Édouard III. Il en est question dans une des pièces du 20 mars 1330, imprimée par Rymer, t. II, p. II, p. 401 « dilectos mercatores nostros de societate Bardorum de Florentia. »

(5) Guicciardini. *Description de tout le Pays-Bas aultrement dit la Germanie inférieure ou Basse-Allemaigne*, Anvers, 1567, p. 159. « Je trouve que dès l'an MCCCXVIII cinq galeasses vénitiennes chargees d'espieces et de drogues, qui venoyent aux foirres, arrivoient au port de cette ville (Anvers). » D'après Van Heyst, deux galères de Venise seraient entrées dans le port d'Anvers en mai 1318; trois autres auraient suivi en février 1319 (Mertens en Torf. *Geschiedenis van Antwerpen*, ap. W. Heyd. *trad. cit.* t. II., p. 721). C'est en 1317, suivant M. Rawdon Brown, que débute le service régulier de navigation entre Venise et la Flandre (Rawdon Brown, *Calendar of State Papers, etc.* p. LXI, CXXII, CXXXII).

Marino Sanuto s'est rendu par mer de Venise à l'Écluse[1]. Il faut, en tout cas, placer son voyage avant le 24 septembre 1321, date à laquelle le noble Vénitien a présenté au pape Jean XXII le célèbre *liber secretorum fidelium crucis* où il y est fait allusion[2]. Sanuto ne nous dit malheureusement point par quel moyen il s'est transporté dans le Holstein (*Holsatia*) et sur les bords de la Baltique (*Sclavia*) qu'il a visités ensuite, pour se renseigner sur le concours qu'on pouvait tirer de ces contrées en faveur d'une nouvelle croisade.

Ce voyageur a rapporté de ses itinéraires à travers les pays du Nord certains éléments cartographiques inconnus à ses prédécesseurs[3]. Il a fermé ou peu s'en faut la Baltique, que jusqu'alors on laissait largement ouverte vers le fond[4], il a énuméré presque sans erreur les contrées qu'elle baigne, à l'est la Russie ou pays des Rutènes schismatiques, *Rutenia protenditur usque ad occasum et ad Polonos et sunt scismatici*; au nord la Karélie, la Finlande (*Finlandia*), la Suède (*Suecia*),

(1) Jam ego præsens capitulum consumaveram et ecce per mare de Venetiis ad portum Clusæ in Flandriam cum galeis armatis veniens, ibi a fide dignis accepi et pro parte oculis meis vidi quod maritima Alemaniæ in qua dictus portus existit, valde nostræ maritimæ Venetæ est conformis. (*Liber secretorum fidelium crucis super Terræ sanctæ recuperatione et conservatione* .. cujus auctor Marinus Sanutus dictus Torsellus, patricius Venetus. (*Orientalis Historiæ*, t. II) Hanoviæ, 1611, in-f° c. XVIII, p. 72).

(2) Sunt autem in *Holsatia* et in *Sclavia ubi personaliter affui* notabiles multæ terræ, etc. (*Ibid.*, c. XVIII, p. 72).

(3) On sait que les Arabes, qui possédaient dès le commencement du XIIe siècle une nomenclature assez étendue des pays du Nord, étaient assez incomplètement renseignés sur leur topographie pour placer la Suède, *Svada*, et le Finmark au sud de la Baltique, la Norvège, *Norbeza*, formant une grande île au nord. (Edrisi., trad. Jaubert, t. II, p. 427 et suiv.— Cf. J. Lelewel, *op. cit.* t. III, p. 177).

(4) On trouve certaines variations à ce point de vue entre les diverses cartes sanutines. Celle du manuscrit 9404 de Bruxelles, dont la Bibliothèque nationale de Paris possède une copie exécutée par M. Pinchart en 1849, donne à la Scandinavie la forme d'une feuille rattachée par son pétiole au pays des Karéliens *infideles Kareli*. La carte sanutine, plus ancienne, de la Bibliothèque nationale de Paris (Ms. lat. n° 4939), montre cette même péninsule fracturée, en diverses pièces. Du point où sont mentionnés les *infideles Kareli*, sort un long promontoire mince et aigu auquel se rattachent un premier groupe de quatre petites îles, puis une île plus grande avec le mot *finlandia*, enfin une grande terre avec les inscriptions *Scania de regno dacie*, Scanie, du royaume de Danemark, *lundis metropol. dacie*, Lund, métropole de Danemark, *ystadi*, Ystad, enfin *naria*, Nerung, transportée ici par erreur.

divisée en *Alania*, *Gotia*, *Scania*, et la Norwège (*Norvegia*); au sud, l'Esthonie (*Estonia*), la Livonie (*Liuonia*), la Courlande (*Kurland*), la Prusse (*Prutia*), la Poméranie (*Pomerania*) et le Mecklembourg (*Sclauia*) sur les côtes; la Lithuanie (*Lintofani pagani*), la Pologne (*Polonia*), la Moravie (*Moravia*), la Bohême (*Boemia*) etc.; dans l'intérieur; à l'ouest, enfin le Danemark (*Dacia*) avec le Jutland (*Jucia*). Il a connu et placé approximativement sur ses cartes un certain nombre de localités du nord-est et du nord: Wirland ou Viro qu'il nomme *Varlant*, Riga, Cracovie (*Craconia*), Thorn (*Toronum*), Wismar (*Wismaria*), Nerung (*Naria*), Ystad (*Ystadi*), Lund (*Lundis*). Il mentionne l'île de Rügen (*Ruia*), la Vistule (*Vuandal*) et l'Oder (*Odra*). Enfin il fait du Danemark une presqu'île jointe au continent par un isthme dont il exagère seulement l'étroitesse et la longueur (*introitus daciæ*). L'Écosse (*Scotia*) tend à se réunir à l'Angleterre (*Anglia*) dont on l'a si longtemps séparée[1], et l'archipel britannique se complète par l'île de Man et par l'Irlande (*Ybernia*).

Ces particularités étaient alors à peu près ignorées en Italie, du moins ne rencontre-t-on d'autre monument qui les mentionne, en partie, que la mappemonde du prêtre génois Giovanni di Carignano[2], dont tout ce que l'on sait de positif, c'est qu'elle est antérieure à 1344, date présumée de la mort de son auteur.

Cette carte, récemment publiée d'une façon tout à fait insuffisante[3] semble empruntée à des sources très diverses par un géographe érudit. Ainsi pour nous borner à ce qui concerne l'Europe septentrionale, les formes des îles Britanniques et du Danemark sont manifestement imitées de celles que ces terres prennent dans les manuscrits de Ptolémée[4], tandis que l'exten-

(1) Ici encore il y a divergence entre les cartes sanutines; sur la mappemonde de Paris, les deux pays demeurent séparés par un détroit que remplace un isthme sur la mappemonde de Bruxelles, n° 9405.

(2) « Presb. Joannes rector Sci marci de portu Janue me fecit » dit la légende de cette carte, actuellement déposée dans les Archives centrales de Florence.

(3) Cf. Th. Fischer, *op. cit.*, p. 117.

(4) Cette influence ptoléméenne est intéressante à noter ici. On admet en effet très généralement que le livre de Ptolémée, assez répandu chez les Byzantins, connu en Sicile dès l'époque d'Edrisi (1150) n'a cependant exercé aucune influence sur la géographie occidentale avant le commencement du xv° siècle, et que, suivant les expressions de Lelewel, « ni possession, ni influence, ni connaissance de l'ouvrage positivement avérée par quelque monument géographique, ne se décèlent nulle part, durant l'espace de plusieurs siècles (J. Lelewel, *op. cit.* T. II p. 122).

sion démesurée de la Baltique de l'ouest vers l'est rappelle l'aspect particulier de cette mer dans les cartes edrisiennes. Enfin la Scandinavie, prise à quelque source nordique, aujourd'hui disparue, allonge dans le haut de la carte d'excentriques digitations.

M. Desimoni, aux patientes recherches duquel on doit le peu qu'on sait de Carignano[1], nous montre ce prêtre laborieux consultant tour à tour pour améliorer son œuvre, les ambassadeurs du Grand Khan des Tartares Olgiaitu, débarqués à Gênes en 1306, et certain marchand génois qui avait séjourné à Sigilmessa au Maroc. Les renseignements sur le nord de l'Europe ont pu lui être rapportés par le pilote de la galéasse qui alla de Gênes en Flandre en 1312[2].

D'autres navires, attirés par les privilèges accordés aux marchands génois par Jean III, duc de Lorraine, Brabant et Limbourg et par la commune d'Anvers[3], tentent avec plus ou moins de succès de suivre la même route.

Le 25 mai 1319, par exemple, une galéasse, chargée de marchandises pour les Flandres, se fait prendre par une escadre des Gibelins de Savone[4]. L'année suivante, trois autres galéasses encore, qui allaient entreprendre le même voyage, sont mises en réquisition pour la flotte combinée que la République de Gênes arme avec Frédéric de Sicile. En 1341, six galères de Gênes, naviguant vers la Flandre, sont pillées et brûlées par des pirates anglais[5]...

(1) C. Desimoni. *Intorno alla vita ed ai lavori di Andalo di Negro matematico ed astronomo genovese del secolo decimoquarto e d'altri matematici e cosmografi genovesi* (Extr. del *Bulletino di bibliografia e di storia delle scienze matematiche e fisiche*, tom. VII, luglio 1874.) Roma, 1875, br. in-4°, p. 23-24.

2) *Atti della Società Ligure*, t. V, p. 520.

3) C. Desimoni et L. T. Belgrano. *Documenti ed Estratti inediti o poco noti reguardanti la storia del commercio e della marina ligure* (*Atti della Società Ligure*, t. V, p. 373).

4) Die autem XXV maij Guibellini Saonæ existentes, totique occidentali Ripariæ Januæ dominantes... cum sex galeis plenè armatis portum Januæ ingressi sunt in aurora diei, ubi unam Galeam grossam, tum oneratam et paratam versùs Flandriam navigare ceperunt, illam ducentes apud Castrum Illicis, quod tenebant... (Georgii Stellæ *Annales Genuenses* ap. Muratori *Rerum Italicarum Scriptores*, t. XVII, col. 1035).

(5) Sex galeæ Januæ; onustæ mercibus, sub fiducia securitatis tam per dilectos et fideles nostros, homines de Flandria quam per Nicholinum de Flisco et Nicholaum Usus Maris, constabularium' nostrum Burdegaliæ ex

Les navigations commerciales ont rarement des historiens, quand elles réussissent; ce sont des accidents qui nous font presque toujours constater l'existence d'un transit qui, sans ces événements plus ou moins exceptionnels, n'aurait peut-être laissé, dans l'espèce, d'autres traces que le recueil des prescriptions édictées à Gênes en 1340[1] pour les galères de l'État faisant le voyage des Flandres[2].

III

La concurrence des voyageurs italiens ne semble point, du reste, avoir découragé les commerçants de la péninsule ibérique. Ils continuent à envoyer chaque année leurs vaisseaux dans le Nord et les pilotes de Majorque ou de Barcelone recueillent, à Bruges, de la bouche de leurs collègues hanséatiques, les renseignements à l'aide desquels ils vont dresser une carte de l'Europe Septentrionale, bien autrement complète que celles de Giovanni da Carignano et de Marino Sanuto.

Leurs navigations, qui ont été ainsi fort utiles au progrès de la cartographie, auraient été cependant tout à fait oubliées, si plusieurs d'entre elles n'avaient point abouti à de véritables désastres. Ce sont encore des réclamations présentées au sujet de navires pillés, qui nous révèlent la présence de navires de commerce catalans dans les mers de Flandres au commencement du XIVe siècle.

En 1323, par exemple, un bateau marchand de Majorque, naviguant dans la mer du Nord, *en el mar de Alemánia*, est enlevé par un corsaire britannique. La même année, les deux galères de Berenguer Liconis, qui rentraient en Espagne chargées de marchandises de Flandre, sont prises par des pirates

parte nostra, et per literas nostras Patentes promissas versus Flandriam navigarent ac quidem marinari Regni nostri Angliæ, ipsas galeas hostiliter depredaverint et combusserint. (Rymer, t. II, p. IV, p. 97-98).

(1) *Off. Gaz.* p. 351-356, ap. Heyd (*Histoire du commerce du Levant au moyen âge*, trad. Furcy-Raynaud, t II, p. 710, 1886).

(2) MM. Desimoni et Belgrano n'ont trouvé aucune pièce à publier entre les privilèges de 1315 cités plus haut, et les lettres patentes du doge Antoniotto Adorno, faisant connaître le traité d'amitié et de commerce conclu par la commune de Gênes avec Philippe le Hardi, duc de Bourgogne et comte de Flandre (*Documenti ed Estratti*, p. 385).

de la même nation entre Calais et Sandwich (*inter Calesium et Sandwicum* [1].

En 1325 et en 1343 deux flottes catalanes sont également pillées par des pirates anglais et gascons dans les mers de Flandre et menées, l'une à Sandwich (*ad portum de Sandwyco*) [2] et l'autre à Dartmouth (*in portu de Dertemuth*)[3]. A la demande des villes de Gand (*Gandavo*), Bruges (*Brugges*) et Ypre (*Ipre*), Édouard III doit prendre sous sa protection et sous sa défense spéciale (1340) les marchands de la péninsule, catalans, majorcains et autres qui venaient pacifiquement trafiquer avec leurs navires, leurs biens et leurs marchandises aux parties de Brabant et Flandres, retournaient de même et ne causaient d'ailleurs aucun préjudice à ses sujets anglais [4].

(1) Rymer *Fœdera*, t. II, part. II, p. 84. — Cf. *Ibid*. p. 109, 128.

(2) Les victimes de ce rapt sont Bernard Serra, Petr. Rubi, Guill. Pastorio et Pere de Palatio, tous citoyens et marchands de Barcelone... in redeundo de partibus Flandriæ... galeis suis divitis rebus et mercibus oneratis (*Carta del Rey Eduardo II de Inglaterra al de Aragon D. Jayme II sobre unas galeazas Barcelonesas, que volviendo cargadas de mercaturias delas partes de Flandres fueron embestidas y sequeadas por unos Pirates ingleses y levadas al Puerto de Sandwich*, ap. Dovorriam, 12 septembre 1325 (Capmany. *Coll. de document*. T. II, p. 90, n° 54).

(3) Due cochæ Petri Tosquerii et aliorum Fidelium vestrum (écrit Édouard II à Don Pedro IV d'Aragon), civium Barchinonæ et Valentiæ pretiosis mercibus oneratæ ad partes Flandriæ pacifice navigarent; duæ naves armatæ quarum alteri vocatæ *la Cateline* Petrus Bernardi de Tholosa et alteri vocatæ *la Nau Dieu*, Raymundus de Bar, nostri subditi de Baiona ut captanei præsidebant, prædictas cochas, ipsosque vestros subditos hostiliter invaserunt et postquam dicti subdicti nostri ipsos subditos vestros sub securitatis fide receperant, ipsos quos sic sub fide salva tenebant, in Mari, exceptis certis personis, inhumaniter projecerunt. « L'information démontre que les Catalans ont tué les gens du canot envoyé pour savoir qui ils étaient, ce qui explique la vengeance des Gascons. (Rymer, *Fœdera*, t. II, p. IV, p. 148, — Claryndon, 19 juillet 1343). Les gens de la Péninsule prenaient leur revanche à l'occasion, et le livre déjà cité de Fr. Michel (t. I., p. 71, 80, etc.), mentionne diverses agressions des pirates espagnols contre des navires anglais ou gascons, chargés de marchandises.

(4) Sumpsimus in protectionem et defensionem nostram specialem universos singulos fideles mercatores de partibus Ispaniæ, Catalauniæ et Majoricarum, ac aliis partibus, veniendo more pacifico et non guerrino, cum navibus, bonis et mercandisis suis versus partes Bravantiæ et Flandriæ nec non mercandisas suas exercendo, et ad propria quando et prout eis placuerit, redeundo pacifici sicut prædictum est (*Salvo conducto concedido por el Rey De Inglaterra Eduardo III a peticion de las Ciudades de Ganto. Ipre e Brujas, a favor de*

Mais de nouvelles hostilités éclatent en 1349 entre les deux marines. Au commencement de novembre, des Espagnols s'emparent, à l'embouchure de la Gironde, de plusieurs navires anglais qui transportaient du vin en Angleterre et tuent les équipages [1]. Édouard III se venge de cet acte de piraterie et de diverses autres « malefaçons et pillages [2] », en attaquant en personne, avec toute sa flotte, le 29 août 1350, en face de Winchelsea (Winceneseo) les Espagnols « qui estoient venu en Flandres pour leurs marchandises ». Après une bataille « durement forte et bien combatue », l'escadre des marchands passe, laissant aux mains des Anglais quatorze nefs sur quarante qui la composaient [3].

En 1373 et 1374, des barques de Majorque ou de Barcelone, allant en Flandre, ou en revenant, sont pillées et coulées, et leurs équipages massacrés, brûlés vifs ou emmenés captifs à Brest (*Brist*), que tiennent alors les Anglais, alliés de Simon de Montfort [4].

las naves y mercaderes Castellanos. Catalanos y Mallorquinos que hagan al viage de Flandres. (Capmany, *Ibid*, t. I, p. 110, nº LXIV.)

Louis de Male, comte de Flandre, prit aussi sous sa protection spéciale, par un acte daté de 1366, les admiraulx, marchans, maistres de nefs, maronniers et subjectz du royaulme et de la seigneurie du roi de Castille, et par ce privilège souvent renouvelé depuis, accorda que « désormais les marchans de Castille et de Biscaye et leurs biens, nefs et marchandises et ce qui y appartient seroient saulfs et seurs par tous ses pays et seignories en sa protection et sauvegarde ». Il est intéressant de constater que le chroniqueur de la fin du XVe siècle, Wielant, auquel j'emprunte ces renseignements, classe dans l'ordre suivant les privilèges accordés en Flandre aux marchands étrangers; Castille et Biscaye, Oosterlins, Espaignols, Portugallois, *Italiens* et autres nations (*Antiquitez de Flandre*, t. IV du *Recueil des Chroniques de Flandre* de de Smet. Bruxelles, 1865, in-8º, p. 271). Capmany a montré, d'après les documents flamands qu'il avait étudiés, que les Biscayens avaient à Bruges leur bourse nationale dès 1348, les Catalans en 1389, tandis que les Vénitiens ne possèdent la leur qu'en 1415; les Teutoniques avaient bâti la leur en 1340; les gens de Nuremberg en avaient fait une en 1361, etc. (Capmany, *op. cit.* t. I, p. 128).

(1) Robert de Avesbury, *Hist. d'Ed. III*, p. 184 et 185, citée par M. Siméon Luce dans son édition de Froissart (T. IV, p. XXXVI).

(2) Froissart. liv. I, part. II, ch. 3.

(3) « e en i ot grant foisson de mors et de bleciés d'une part et d'aultre, et plus aussi des Espagnols que des Englois, ensi comme il fut apparens, car ils i laissierent quatorze nefs et les hommes et l'avoir qui dedans estoient (Froissart. Ed. Siméon Luce. T. IV, p. 327).

(4) La première de ces barques, appelée la *Santa Clara*, commandée par

Les marins castillans Boccanegra, Cabeza de Vaca, Ferrand de Pyon et Ruy Diaz de Rojas viennent de détruire la flotte de Pembroke (le comte de Pennebruch, comme l'appelle Froissart), en face de la Rochelle (22 et 23 juin 1372)[1]. Le dernier, en compagnie du prince « Yowain de Galles », alors au service de France, a mis en déroute les Anglo-Gascons qui assiégeaient Soubise et pris leurs chefs, le fameux Captal de Buch et l'anglais Thomas Perci[2]. Ainsi battus à deux reprises par la flotte royale de Castille, les Anglais s'en prennent de leurs désastres maritimes aux bâtiments de commerce des pacifiques marchands de Catalogne[3].

La chancellerie d'Aragon réclame à maintes reprises, auprès

Arnaud Besaya, faisait partie d'une escadre de trois navires armée par des négociants de Barcelone et de Majorque. Chassée par une tempête des parages de la Rochelle (*la Rutzela*) vers l'entrée de la Manche (*ad maria canalis Flandriarum*) elle est enlevée au cap Saint-Mathieu (*lo Itas de Sent Marti*) en face de Ouessant (Jambol? *lo semblo*) par une escadre anglaise que commande Roger de Pols, et les quarante-trois hommes qui la montent demeurent dix ans prisonniers au château de Brest (*in quadam turri castri de Brist*).

Le navire de Pierre Grallera, Nicolas Bertrandi et George Francolini, de Majorque, monté par soixante hommes, est pris à 60 milles de *Palamisa* par trois vaisseaux et cinq barques aux couleurs d'Angleterre, pillé, puis incendié à la hauteur du cap Saint-Mathieu avec trente de ses marins qu'on y a enfermés; seize hommes seulement se sauvent en se cachant dans la cale d'un navire commandé par Gabriel Dentone.

Enfin un autre navire, sous les ordres de Fr. Atolin et de B. de Pinarentrant de la Flandre qu'il avait quittée le 15 janvier 1373 et parvenu en bon état au port de Claudon, (*ad portum de Caldo cum plena incolumitate perveneril*) est pillé par quinze navires anglais et son équipage de 60 hommes est enfermé au susdit château de Brist. (Capmany. *Suplemento a las memorias historicas sobre la marina, comercio, y artes de laantigua ciudad de Barcelona*. Madrid, 1792, in-4°, p. 167 et suiv.).

(1) « Et estoient cil Espagnol [de vne flotte], quarante grosses nefs et trese barges bien pourveues et breteschies ensi que nefs d'Espagne sont; si en estoient patrons et souverain quatre vaillant hommes, Ambrose Boukenègre, Cabesse de Vakes, dan Ferrant de Pyon et Radigos de la Roselle. » (*Chronique de J. Froissart*; Éd. Siméon Luce, t. VIII, p. 37 et suiv.)

(2) Capmany. *Suplemento a las memorias historicas sobre la marina, comercio y artes de la antigua ciudad de Barcelona*. Madrid, 1792, in-4°, p. 164. — Cf. Rymer, *Fœdera*, t. III, part. III, p. 14.

(3) Ils avaient pillé vers le même temps deux navires, l'un de Gênes, l'autre de Naples, passant de Flandre au Port Pisan. Ils prétendaient avec une insigne mauvaise foi que ces navires allaient *ad partes Ispanorum inimicorum*, etc. (Rymer, *Fœdera*, t. III, part. III, p. 18).

d'Édouard III, puis de Richard II, des réparations qui ne lui sont point accordées. Deux fois des envoyés spéciaux passent en Angleterre pour régler l'affaire[1]; leurs démarches demeurent infructueuses. Alors Don Juan Ier se décide, après avoir permis (15 février 1389) aux commerçants de Barcelone et de Majorque, d'armer jusqu'à quatre galères pour la sécurité des navires qui faisaient le voyage de Flandre (*viatges en los parts de Flandres*)[2], à autoriser les intéressés à user de représailles envers les sujets du roi d'Angleterre, jusqu'à ce qu'ils se soient indemnisés complètement de leurs pertes (16 août 1392).

Non seulement la fin du XIVe siècle trouve les Espagnols armant des navires pour leur compte, afin de négocier dans les mers du Nord; nous voyons encore ces hardis marins aller chercher loin de chez eux des marchandises qu'ils porteront en Flandre[3]. En 1380, par exemple, le *Saint Christophe*, commandé par Ramon Soberera de Barcelone, charge à Gênes pour l'Écluse une cargaison qui appartient à L. Gentile et à C. Doria.

En février 1382, une nef de Biscaye, dont le capitaine est Juan Sanchez Piñaga, de Placentia, sort de Barcelone pour aller porter des marchandises en Flandre[4].

En 1386, ce sont sept vaisseaux de Biscaye tant « gallees que vaisseaux » chargés de vin pour la Flandre que les Anglois entrant à la Corogne « orent a leur proffit, dit Froissart, et les marchands orent tantost tout vendu »[5].

En 1390 et 1394 ce sont d'autres expéditions encore pour le même pays, armées par des négociants barcelonais, et dans le détail desquels il n'est pas nécessaire d'entrer ici[6].

Les voyages que poursuivaient ainsi les vaisseaux de la péninsule depuis le milieu du XIIIe siècle dans la grande mer extérieure exigeaient chez les pilotes qui les conduisaient, d'une

(1) Rymer *Fœdera*, t. III, part. III, p. 21 et Capmany *Suplemento*, etc. p. 167 et suiv.

(2) Id., *ibid.*, p. 164.

(3) L'inverse avait lieu également. Il est question, par exemple, de marchands de Valence (*mercatores Valentini*) ayant chargé des marchandises en même temps que des Florentins, des Lucquois, des Vénitiens sur les navires génois pris par les Anglais en 1371. (Rymer, *Fœdera*, t. III. part, II. p. 178),

(4) Capmany. *Collec. diplom.* n° CV, t. II, p. 171.

(5) *Chroniques de J. Froissart*, liv. III, ch. XXXIV, ann. 1386.

(6) Capmany, t. I, part. II, p. 132.

part la connaissance bien précise des conditions d'une navigation fort différente de celle de la Méditerranée, de l'autre des notions relativement étendues sur l'aspect des côtes qu'ils devaient longer, les ressources qu'elles présentaient, au point de vue du mouillage, de l'eau, du bois, etc., la nomenclature de leurs caps et de leurs golfes, de leurs rivières et de leurs îles, de leurs ports et de leurs marchés commerciaux.

Or il n'existait point pour les plages de l'Atlantique de *portulan* comme les Arabes, d'une part, les Italiens, de l'autre en avaient construit pour la Méditerranée, et les cartes que l'on avait tenté de faire à Gênes ou ailleurs ne contenaient, nous l'avons vu, qu'un fort petit nombre d'indications utilisables pour les navigateurs.

Les Arabes, dont la science géographique était à son apogée, possédaient de meilleurs renseignements que les Latins. On connaît des cartes arabes du XIIIe siècle, comme la carte mogrebine de la bibliothèque Ambrosienne de Milan qui fournissent bien plus de renseignements exacts sur les pays du Nord qu'aucune autre pièce contemporaine d'origine latine. Or, comme cette nomenclature arabe affecte des formes qui se rapprochent beaucoup de celles adoptées plus tard par les Catalans, il est logique d'admettre que ces derniers ont tiré un certain secours des représentations côtières et des listes de noms de lieux dont la carte ambrosienne nous a conservé l'intéressante succession[1]. D'une part, en effet, la morphologie de cette carte est celle que conserveront avec persévérance les pilotes majorcains, valenciens, etc. ; nous y retrouvons successivement, du sud au nord, l'Espagne figurée avec une sûreté tout à fait inconnue jusqu'alors, la France moins correcte de formes, avec le littoral gascon trop oblique, la Bretagne trop ramassée, le Cotentin trop épais à sa base, etc. ; la Flandre démesurément échancrée vers les bouches de l'Escaut, de la Meuse et du Rhin; le Zuyderzée, au contraire, fort restreint dans son étendue; enfin les côtes au-delà de l'Elbe, trop verticales et trop raccourcies tout ensemble[1].

(1) Amat de S. Filippo et Uzielli, *Ed. cit.*, t. II, p. 229. — Th. Fischer, *op. cit.*, p. 226. — Tastu a plusieurs fois insisté sur certains détails d'origine arabe, qu'il rencontrait dans l'*Atlas catalan de Charles V* (*op. cit.* pp. 28, 32, 35), et la grande carte majorcaine de Gabriel de Vallsequa. — *Cf.* J. Lelewel. *Épilogue* p. 127.

D'autre part, la nomenclature est, le plus souvent, toute semblable chez le Mogrebin du XIIIe siècle et chez les Catalans du XIVe. Prenons à titre d'exemple quelques-uns des noms inscrits par l'anonyme arabe le long du littoral des Iles Britanniques. Il y en a quatre sur la côte occidentale d'Irlande, qui apparaît dans l'angle supérieur de sa carte. Ce sont, suivant les lectures de M. G. Hoffmann, *Stanforda*, *Doudsouh*, *Dubelim*, *Qatáfort*. On ne peut contester que trois de ces mots soient tout pareils aux vocables correspondants de notre plus ancienne carte catalane, *Stanfordu*, *Doudach*, *Dunuelim* et *Qataforda*. Sur les côtes de la Grande-Bretagne, *Berwiki* et *Berhuic* (Berwick), *Ullo-Ullo* et *Vllo* (Hull), *Qisalesian* et *Guinsalexeo* (Winchelsea) *Mirfort* et *Miraforda* (Milford) *Dunfris* et *Donfres* (Dumfries) etc., peuvent passer pour identiques.

D'autres mots, en petit nombre, sont, il est vrai, difficilement réductibles aux formes catalanes. Par contre, on n'arrive à expliquer que grâce à leur passage et à leur déformation chez les géographes arabes, les formes singulières que prennent et gardent plusieurs des termes de la nomenclature géographique du XIVe siècle.

Nous citerons, à titre d'exemples, *Virgalles*, terme inscrit au pays de Galles par les géographes catalans, qui vient clairement d'un *birkales* arabe que M. G. Hoffmann considère comme une mauvaise variante de *norkalés*. *Cur de laga*, cette bizarre appellation que porte le *cap* de la Hague, *veles quel*, cet autre singulier vocable, inscrit parfois entre Noirmoutier et les Sables-d'Olonne, ont dû passer par l'arabe, avant de parvenir à nos cosmographes catalans.

Ceux-ci ont combiné ce fonds géographique emprunté à la nomenclature mogrebine avec celui que leur donnait le portulan génois et couvert ainsi de noms variés et nombreux leurs cartes marines. Le catalogue des noms de lieux de la Grande-Bretagne, par exemple, se compose de près de quatre-vingts mots dans la première mappemonde connue, d'origine majorcaine, quand la

(1) L'antériorité considérable de cette carte arabe, son étendue restreinte vers le N.-E., le peu de noms qu'on y trouve, à proportion, dans les régions limitées qu'elle représente, tout cela doit empêcher d'accepter l'idée qui a été préconisée d'une imitation de documents d'origine latine, faite dans le Maghreb, à Ceuta, par exemple, par un dessinateur instruit (Th. Fischer, *loc. cit.*).

même liste ne comptait que dix-neuf mots dans la carte arabe de Milan, et trente-huit chez Pietro Visconte.

Mais c'est surtout, ainsi que je l'ai déjà dit, en élargissant vers le nord et le nord-est le cercle des connaissances positives que les cosmographes de Majorque et de Barcelone, etc., ont bien mérité de la science.

Les Hanséates, qu'ils fréquentaient à Bruges, leur communiquaient ce qu'ils savaient des côtes de la Baltique et de la mer du Nord, et leur donnaient, au moins en résumé, les portulans des Scandinaves [1] qui apparaissent pour la première fois, combinés aux itinéraires commerciaux des marchands du Saint-Empire dans la mappemonde de Dulcert ou Dulceri, de 1339, la plus ancienne que l'on connaisse aujourd'hui de celles de l'école catalane. C'est à ce cosmographe, hier encore tout à fait ignoré, qu'il y a lieu d'attribuer provisoirement l'honneur de ce progrès énorme. Nous insisterons toutefois sur ce point, à savoir que si Dulcert est bien le premier, par ordre de date, des cosmographes catalans dont les travaux nous ont été conservés, il est extrêmement probable que sa mappemonde de 1339 reproduit, en la modifiant peut-être à quelques égards, une œuvre plus ancienne, véritable prototype dont se sont inspirés, non seulement Angelino Dulcert, mais encore Guillaume Sollery et tous ces cosmographes anonymes qui dessinaient des mappemondes à Majorque, à Barcelone, à Taragone ou à Valence.

Toutes leurs œuvres se ressemblent ; elles ont, dès le premier abord, un air de parenté qui les fait reconnaître entre les autres monuments géographiques du temps et ce n'est pas l'impression la moins frappante que suggère l'étude un peu attentive de leurs détails, que celle de l'uniformité de tant de travaux, échelonnés pourtant sur un espace de plus de trois siècles.....

Une fois en possession de ce type cartographique, acquis au

(1) On connaît, en effet, plusieurs portulans scandinaves de la seconde moitié du XIIIe siècle, qui ont été imprimés dans les *Scriptores rerum Danicarum medii ævi* de Langebek. Le plus intéressant au point de vue de notre sujet actuel, est celui qui est intitulé *Navigatio ex Dania per mare Balthicum ad Estoniam* (Langebek. t. V, p. 623). Un autre portulan de même époque expose l'itinéraire maritime que suivaient les pèlerins du Nord se rendant en Terre Sainte par le *Vestrveg* (*Navigatio ex Dania per mare Occidentale Orientem versus circa* 1270 (Langebek, t. V, p. 672. — Cf. P. Riant. *Expéditions et pèlerinages des Scandinaves en Terre Sainte au temps des Croisades*. Paris, 1865, in-8°, p. 72, etc.).

pris d'énormes difficultés, pendant la grande période d'expansion de leur influence politique et commerciale, les Catalans ne feront plus que le recopier sans cesse, en Italie où ils émigrent aussi bien qu'en Espagne ; qu'ils exécutent d'ailleurs des cartes usuelles comme les Benincasa [1], les Prunes, les Olives, ou qu'ils enluminent avec luxe, en or et en couleur, les grandes mappemondes, qui ont fait le renom d'un Meçia de Villa Destes ou d'un Gabriel de Vallsequa.

IV

Le prototype de l'école catalane, dont nous allons maintenant aborder l'examen, en ce qui concerne le septentrion de l'Europe, est à la fois largement étendu et considérablement détaillé.

Il attribue, en effet, à cette région une surface d'environ 0m,70 à 0m,75 de largeur, sur 0m,25 à 0m,30 de hauteur et inscrit, dans cet espace, des centaines de noms et un certain nombre de descriptions plus ou moins étendues. Toute cette nomenclature n'est pas également intéressante; il ne sera vraiment utile, de nous arrêter, que sur les noms employés pour la première fois par l'auteur, ou à l'occasion desquels il nous fournira quelque renseignement personnel.

Je commence cet examen par l'angle Nord-Ouest de la carte où se trouve peint un disque, avec ces mots *Insula de Brazil.*

Insula de Brazil. — L'île ainsi désignée, située au couchant de l'Irlande, est une des nombreuses îles fantastiques semées dans l'Océan par l'imagination des hagiographes occidentaux. Elle se rattache à cet ensemble de terres inconnues où les croyances populaires ont tour à tour placé la *Terre promise des Saints* et le *Paradis des Oiseaux*, l'*île des Délices* et l'*île Perdue*, le séjour des disciples de Patrice et d'Ailbée et les *Septe citade* de l'archevêque de Porto et de ses suffragants [2], îles mobiles et fugaces, vues quelque jour par grand hasard, et qu'on ne retrouvera jamais ensuite

(1) Je prouverai ailleurs que les Benincasa d'Ancône sont originaires de Majorque.

(2) d'Avezac. *Les îles fantastiques de l'Océan occidental au moyen âge.* Paris, 1845, br., in-8.

L'île de Brazil ou O'Brasil, célèbre dans la légende irlandaise, n'était pas encore oubliée au XVIIe siècle.

« Des îles d'Aran, écrivait alors O'Flaherty, et du continent de l'ouest paraît souvent visible l'île enchanteresse que l'on nomme O'Brasil et en irlandais Beg'Ara ou la petite Aran (*lesser* Aran), aujourd'hui bannie des cartes de navigation. Est-ce une île réelle, rendue inaccessible par ordre spécial de Dieu, comme une sorte de paradis terrestre ou bien le résultat d'une illusion produite par de légers nuages apparaissant à la surface de la mer; ou encore faut-il y reconnaître le séjour de quelques mauvais esprits? Ce sont là des questions qu'il ne nous appartient point de juger[1] ».

Les cosmographes ont presque tous inscrit, après Dulcert, l'île de Brazil sur leurs mappemondes, il en est même plusieurs qui ont répété à diverses reprises ce nom qui garnissait un peu les vides de leur carte. On trouve deux îles de Brazil dans l'Atlas de Charles V[2], et la carte des Pizzigani de 1367 en mentionne jusqu'à trois.

(1) R. O'Flaherty. *A Chorographical Description of West or H.-Iar Connaught (1684)*. Dublin. Irish Arch. Soc. 1846, in-4°, p. 68-69.

(2) L'atlas de Charles V, dont il est ici question, est le manuscrit qui porte le n° 6816 de l'ancien fonds des manuscrits grand in-f° de la Bibliothèque nationale de Paris. Composé en 1375, il a fait partie, dès 1380, de la bibliothèque du roi, placée alors au Louvre. (Cf. L. Delisle. *Le cabinet des manuscrits de la Bibliothèque impériale*, t. I. p. 22, 1868, in-4.) Walckenaer a, le premier, appelé l'attention sur ce précieux document, et J. Tastu en a publié, avec J.-A.-C. Buchon, une description détaillée en 1839. (*Notice d'un Atlas en langue catalane, manuscrit de l'an 1375, conservé parmi les manuscrits de la Bibliothèque royale sous le n° 6816, fonds ancien, in-folio maximo* (*Notices et extraits des manuscrits*, t. XIV, 2e part.) Paris, 1839, in-4°, 6 pl., gr. in-f°.) Les lectures de Buchon et Tastu sont généralement bonnes, mais leurs déterminations géographiques sont fréquemment mauvaises, et je n'aurai que rarement à les mentionner : il serait trop long et tout à fait inutile d'en relever les erreurs.

Deux autres documents espagnols du XIVe siècle seront cités nombre de fois dans les pages qui suivent avec l'atlas de 1375; ce sont une mappemonde catalane qui appartient au *Museo Borbonico* de Naples et qui, gravée par Bodini, sous la direction de Mgr Rossi, a été brièvement commentée par d'Avezac (*Carte du Musée Bourbon, à Naples. Bull. Soc. de géogr.*, 2e sér., t. XX, p. 64-68, 1843), et un ouvrage composé vers 1350 par un anonyme, que l'on a longtemps cru être un frère mendiant, ayant parcouru le monde, et qui n'est autre chose qu'une géographie *en action*, un récit de voyages fictifs reposant, comme M. Morel-Fatio l'a fait observer (*Rev. crit. d'hist. et de litt.*, t. X) sur l'examen de quelque mappemonde analogue à celle que nous commentons ci-après. On trouvera dans les notes qui suivent

Irlanda. — Après avoir entretenu des relations assez actives avec le reste du monde occidental, l'Irlande s'était peu à peu isolée à tel point, que l'on avait perdu, chez les peuples de la Méditerranée, presque toute notion exacte de la situation, de la grandeur, de la forme de cette terre à peu près oubliée.

Aucun autre nom de lieu n'était demeuré dans la mémoire des géographes que celui de l'île elle-même[1], qu'ils écrivaient *Hibernia*, *Ybernia*, en lui donnant d'ailleurs les positions, les dimensions et les contours les plus divers.

La mappemonde cottonienne assigne, pour la première fois, à l'Hibernie des formes générales qui se rapprochent de la réalité, mais l'orientation y est fort mauvaise, et les rapports de l'île avec les îles voisines ne sont aucunement observés. Au XIIIe siècle encore, l'*Hibernia* de la mappemonde d'Hereford, allongée en forme de poisson, est entièrement incorrecte.

Les Anglais sont seuls à commercer dans ces parages[2]; tous les renseignements nautiques utiles sont entre leurs mains et ne paraissent pas s'étendre bien loin sur les côtes, au Nord et au Sud de Dublin. Aussi quand les Arabes et les Italiens exécutent les premières cartes marines, c'est seulement un petit coin de l'île qu'ils représentent, avec quelques noms de ports tels que Dublin, (Dunbelim), ou Waterford (Qatafor)[3].

La seule carte italienne du commencement du XIIIe siècle[4], qui ait fait une place à l'Irlande, énumère les points remarquables depuis le golfe de Dunseverick que le cartographe appelle *Dansobrinim* jusqu'à *Gleabarom*, où je crois reconnaître, avec MM. Desimoni et

maintes preuves à l'appui de notre manière de comprendre cet ouvrage. (Cf. *Libro del Conoscimiento de todos los reinos et terras et senorios, que son por el mundo*,, etc., publ. par Marcos Jiménez de la Espada. Madrid, 1877, 1 vol. in-8°, pl.

(1) Encore ce nom fait-il lui-même défaut aux cartes des XIe et XIIe siècles de Turin, de Leipzig, etc. (Cf. Jomard, *Monuments*, etc., Santarem et Lelewell, *Atlas*, pass., etc.)

(2) « Que vaudrait l'Irlande, dit William de Malmesbury, sans les marchandises qu'y apportent les vaisseaux anglais? » (*Gesta Regum Anglorum*, lib. V, ann. 1119. Londini, 1840, in-8, vol. II, p. 638.)

(3) Voy. plus haut, p. 358.

(4) Desimoni e Belgrano. *Atlante idrografico del medio evo posseduto dal Prof. Tammar Luxoro, pubblicato a fac-simile ed annotato*. Genova. Soc. Lig. 1867, in-8°. — Cf. Desimoni. *Nuovi studi sull' Atlante Luxoro*. Genova. Soc. Lig. 1868, in-8°.

Belgrano, la petite ville de Skibbereen, un peu au-delà de Cork. La côte est assez exactement figurée du cap Clogh au cap Stet, et le cours du fleuve, aux bords duquel sont placés *Roxe* (Ross) et *Gataforda* (Waterford), est passablement dessiné.

La carte catalane de 1339 trace avec une certaine précision le littoral entre le cap Stet et Dunseverick (*Donsobrin*), indiqué seulement dans l'*Atlante Luxoro* et le prolonge au Nord jusqu'au Port Rush (*Porto Rosso*) et à Bann haven (*Le Bam*). En outre les côtes occidentales y apparaissent pour la première fois avec une nomenclature assez abondante, qui se poursuit au Nord jusqu'au comté de Tyrconell dont le Catalan fait une île, *insula de T'conel.*

Le rivage tracé au dessus de ce dernier mot et qui rejoint, sous un angle obtus, celui de *Donsobrin*, est encore une ligne de convention qui ne répond à aucun levé direct; mais celui qui s'étend au Sud de Tirconel a déjà l'aspect résultant d'une observation personnelle, si superficielle qu'elle puisse être.

Nous allons l'examiner avec quelques détails.

Les premiers mots écrits dans le N.-O. de l'île, *Insula de T'conel* correspondent au comté du même nom, aussi appelé comté de Donegall et séparé de Fermanagh et de Leitrim par les lacs Earn et le courant qui déverse leurs eaux dans la baie de Donegall, ce territoire pouvait très aisément être pris au premier abord pour une grande île.

A quelque distance au N.-O. de *Tirconel*, une île ronde d'une certaine grosseur, porte le nom *Ingildaculy* pour Insul [a] d'Aculy l'île ou les îles d'Achill, à l'entrée de la baie de Clow[1].

Cauo Seligra, qui vient ensuite sur la côte occidentale, me paraît rappeler Sligah, qui possédait jadis un château construit par Maurice Fitz Gerald, *chief-justice* d'Irlande en 1242 et resté la propriété de la puissante famille des Fitz Gerald jusqu'au temps de John, premier comte de Kildare[2].

Abram semble être le petit groupe des îles Arran situé vers la

(1) C'est un premier exemple de ces déplacements assez fréquents chez les cosmographes du XIVe siècle, et qu'explique fort aisément une connaissance insuffisante de rivages sur lesquels on ne possédait encore que des renseignements peu précis.

(2) W. Camden, *Britannia, a Chronographical Description of the flourishing Kingdoms of England, Scotland and Ireland and the adjacent Islands from the earliest antiquity.* Ed.-R. Gough. London, 1789, In-f°, t. III p. 639. — Il y a aussi dans ces parages une ville et une baie de Sligo.

rive méridionale de l'entrée de la baie de Galway[1]. La principale de ces îles était appelée *Arran Naomb* ou Arran des Saints; elle avait été consacrée par le fameux saint Brandan et possédait les corps d'un certain nombre de pieux personnages, en l'honneur desquels des monuments religieux y avaient été construits[2]. On assurait que dans cette île les cadavres humains ne se décomposaient point[2].

C'est une des nombreuses merveilles que la légende a longtemps prêtées aux terres irlandaises et dont Dulcert énumère les plus connues avec beaucoup de complaisance dans une longue inscription placée à quelque distance au Nord de l'île.

In Hibernia, dit le cosmographe de 1339, *que Irlanda dicitur sunt multa mira | bilia que credenda sunt. vt narrat Yssidolus. | Est autem in Ibernia Insula quedan parua in qua homines | nonquam moriuntur. Sed quando nimio senio aficiuntur | ut moriantur, extra Insulam deferuntur. est alia | Insula in qua sunt arbores quabus aves portantur et sicut | papones maturant. Item est allia Insula in qua | mulieres pregnantes nonquam pariunt. Sed quando sunt | determinate ad peperiendon extra Insulam | deferuntur secondom consuetudinem.*

Nulus est serpens, nula rana, nula aranea | venenosa. Ymo tota tera est contraria adeo | venenosis vt idem delata et dispersa perimit.

L'atlas catalan de Charles V (1375) reproduit presque textuellement les mêmes légendes, avec quelques inversions :

En inbernia, y lit-on, *ha moltes illes merauellosas que son cre dores | en les quals nia una poque quels homens nuyl temps no y | moren mas con son moll veys que muyron son uportats | fora la illa. No y a neguna serpent ne naguna granola | ne naguna aranya verinosa, abans tota la terra es contr | ariosa, a tota bistia verinossa : Cor aqui es lacus e insull | Encora mes hi a arbres als quels auçels hi son por | tats axi com a figa mnadura, item hia altre illa en | la qual les fembres no enfanten mas con son deterne | nades a enfantar son portades fora la illa segons custuma.*

Tastu, qui annotait ce dernier texte, ayant rencontré les mêmes histoires ou à peu près dans le *Dittamondo* de Fazio degli Uberti,

(1) O'Flaherty, auteur de la description du Connaught citée plus haut, a donné de longs détails sur ces îles.

(2) On trouve une allusion à cette légende dans la mappemonde des Pizzigani de 1367. — Cf. *Giraldi Cambrensis opera.* Edited by James F. Dimock, vol. V, p. 83. London, 1867, in-8. — Gough, *loc. cit.*, p. 582.

traducteur et amplificateur de Solin, qui écrivait entre les années 1355 et 1367, se persuada que c'était à ce poète italien que l'anonyme de 1375 avait emprunté ses légendes[1].

Leur présence en un coin de la mappemonde de Dulcert, antérieure de seize ans au moins au *Dittamondo* de Fazio, montre que la source en doit être cherchée plus haut.

Elles sont, en effet, largement développées déjà dans la *Topographia Hibernica*[2] de Giraldus Cambrensis, ouvrage de la fin du XIIe siècle (vers 1167 ou 1168), et quelques-unes d'entre elles figurent dans les écrits bien plus anciens de Saxo Grammaticus, du vénérable Bède, d'Isidore de Séville, ainsi que le proclame Dulcert, — *Vt narrat Yssidolus.*

L'île où l'on ne peut pas mourir est la plus petite, dit Girald de Cambrien, de deux îles situées dans un lac du nord du Munster (*lacus in Momonia boreali*). On nomme pour cette raison cette île l'*île des vivants* (*Viventium insula*)[3]. « Quand ils n'ont plus aucun espoir, dit Gérald, quand ils sentent qu'il ne leur reste rien de véritablement vital, et que, le mal s'aggravant, ils en sont, en définitive, si profondément atteints qu'il leur semble préférable de mourir vraiment que de vivre une vie de mort, ils se font porter en canot dans la grande île. A peine ont-ils touché la terre qu'ils rendent l'esprit[4]. »

Une note de Kelly, citée par M. Dimock à propos de ce texte, place l'*île des Vivants* à trois milles de Roserea, paroisse de Corbally, dans un lac appelé *Lough Cree*, aujourd'hui desséché. Ne serait-ce pas l'une des *insule lacaris*, semées en si grand nombre au milieu d'un golfe profond qui échancre un peu plus bas sur notre carte la côte occidentale de l'Irlande? Ce *lough Cree*, aussi nommé *lough Keara* sur les cartes des derniers siècles était jadis

(1) Cf. Tastu, *op. cit.*, p. 44, n° 1.

(2) *Topographia hibernica*, distinct. II, c. IV et sqq. (*Giraldi Cambrensis opera*; edited by James F. Dimock, vol. V. p. 80, etc. London, 1867, in-8.)

(3) Ce serait, suivant Camden, l'une des îles d'Arran, dont je parlais plus haut... mentioned in romances by the name of the *island of living* (*ed. cit.*, t. III, p. 580). Le mot *Vivencium*, inscrit dans la mappemonde de Hereford, la reporte à l'extrémité sud de l'Irlande.

(4) Cumque nihil ampliùs spei, nihil vitæ vitales superesse præsentiunt, cumque, invalescente valetudine, tam finaliter afflicti fuerint, ut morte mori malint quam vitam ducere mortis, in majorem demum insulam se navicula deferri faciunt. Qui statim ut terram attingunt, spiritum reddunt (*Girald. Cambr.*, dist. II, c. IV, p. 81).

la source première des eaux fort abondantes qui s'écoulent dans la baie de Galway par le Lough Corrib. Or ce dernier renferme justement dans son bassin supérieur une si grande quantité de petites îles que, suivant un dicton populaire, *il y en a une pour chaque jour de l'année*. Ce sont ces innombrables îles du lac Corrib, qui représentent les *insule Lacarus* de la mappemonde de *Dulcert*. Elles figuraient déjà à la même place dans une des cartes sanutines, avec cette inscription :

Gulffo de issolle CCCLVIII[1] *beate et fortunate*

La légende des îles fortunées appartient à ce cycle de récits fantastiques inspirés peut-être à l'origine par les fables maritimes des orientaux, et considérablement augmentés par les narrateurs des voyages de Saint-Brandan ou de Saint-Malo dans l'Ouest[2]. *Iles du Bonheur* chez les Arabes, elles deviennent l'*Ile des Délices*, la *Terre promise des Saints*, *etc.*, pour les Irlandais du XIe siècle, et le golfe où Dulcert les groupe prend sous la plume de ses successeurs le nom de *lacus fortunadus* (*Atl. Catal.*) ou *fortunatus* (Solery) qu'il conservera pendant tout le Moyen Age[3].

La fable des arbres où poussent des oiseaux, résumée par notre cosmographe, est, comme la précédente, tout au long dans la *Topographia Hibernica*. C'est aux *bernaches* ou *beruacles*, palmipèdes fort voisins des oies, que cette fable s'applique. « Il est ici, dit Girald, des oiseaux nombreux nommés bernaches, que la nature produit d'une façon admirable et contre nature ; ils sont semblables aux râles de marais, mais plus petits. Ils poussent comme des gommes sur les branches de sapin[4] entraînées sur les eaux. De là, comme par une algue adhérente au bois, enfermés, pour faciliter la formation, dans un test coquillier[5], ils pendent par le bec jusqu'à

(1) C'est 365 qu'on devrait lire, pour qu'il ait une île pour chaque jour de l'année.

(2) D'Avezac, *Les îles fantastiques*, etc., p. 9.

(3) Gratiosus Benincasa réunit même les deux mentions dans sa carte de 1467. On lit en effet : « *Lacus fortunatus ubi sunt Insule que dicuntur Insule Sancte Beate* CCCLXVII.

(4) C'est en souvenir de cette fable que, dans certaines de nos provinces, on appelle parfois, encore aujourd'hui, la bernache du nom de *sapinette*.

(5) D'où le nom d'*anatife* qui désigne encore un genre de coquilles et qui vient des mots *anas*, canard, et *fero*, je porte, *coquille qui porte un canard*. L'anatife lisse est d'ailleurs, encore maintenant, désignée par les Bretons sous les noms de *bernacle* ou *barnacle*.

Albert le Grand avait réfuté ces contes absurdes dès l'époque même où

ce que, par la suite du temps, ayant revêtu un solide costume emplumé, ils tombent dans l'eau ou librement se transportent en volant à travers les airs. Ils prennent ainsi leur aliment et leur accroissement d'un suc tout à la fois ligneux et marin, par une force séminale occulte qu'on ne saurait trop admirer [1]. » Et Girald ajoute qu'il a vu fréquemment de ses yeux sur le bord de la mer, suspendus à un seul arbre plus de mille de ces petits corpuscules d'oiseaux, enfermés dans leur test et déjà tout formés. Il affirme d'ailleurs qu'il n'y a chez les bernaches ni rapprochement sexuel, ni nidification, ni incubation d'aucune sorte [2], ce qui explique que, dans certains cantons (*in quibusdam Hiberniæ partibus*), évêques et religieux mangent ces oiseaux les jours maigres, *tanquam non carneis, quia de carne non natis* [3].

On trouve encore de longs détails dans Girald le Cambrien sur l'île où les femmes ne peuvent accoucher; il la place au nord de la Bretagne, *in boreali Britanniæ parte* [4].

Girald contribuait à les répandre; ils se sont cependant maintenus dans la science jusqu'au XVIIe siècle. On trouvera l'histoire détaillée des croyances sur la bernache dans Buffon (*Hist. nat. des oiseaux*, t. IX, p. 93 et suiv. Paris, impr. roy., 1783, in-4).

(1) Sunt et aves hic multæ, quæ bernacæ vocantur; quos mirum in modum contra naturam natura producit, aucis quidem palustribus similes, sed minores. Ex lignis namque abietinis, per æquora devolutis, primo quasi gummi nascuntur. Dehinc tanquam ab alga ligno cohærente, conchilibus testis ad liberiorem formationem inclusæ, per rostra dependent; et sic quo usque processu temporis, firmam plumarum vestituram indutæ, vel in aquas decidunt, vel in aeris libertatem volatu se transferunt. Ex succo ligneo marino quo occulta nimis admirandaque seminii ratione, alimenta simul incrementa que suscipiunt. Vidi multoties oculis meis plusquam mille minuta hujusmodi avium corpuscula in litore maris ab uno ligno dependentia, testis inclusa et jam formata... (Id. *ibid.* Dist. I, c. xv, p. 47.)

(2) « Comme les bernaches ne nichent que fort avant dans les terres du Nord, dit Buffon, personne, pendant longtemps, ne pouvoit dire avoir observé leur génération, ni vu leurs nids; et les Hollandois, dans une navigation au 80e degré, furent les premiers qui les trouvèrent (*Trois navigations faites par les Hollandais au Septentrion*, par Gérard de Vera, Paris. 1599, p. 112 et 113). Cependant les bernaches doivent nicher en Norwège, s'il est vrai, comme le dit Pontoppidan, qu'on les y voit pendant tout l'été... elles se rendent aussi en Irlande, et particulièrement dans la baie de Lough foyle, près de Londonderri... » Buffon, *Hist. nat. des Oiseaux*, t. IX, p. 99-100.)

(3) Tout ceci se retrouve un peu abrégé dans le *De Natura Rerum*, d'Alexandre Neckam, aussi nommé Alexandre de St-Alban (1157-1207). (Girald, Cambr. Dist. I, c. xv; p. 48 *n.*)

(4) « Est in boreali Britanniæ parte insula quædam, quæ et sancta vocatur.

L'absence de serpents, signalée déjà dans Solin [1], est également l'objet des observations de Girald. L'Irlande, assure-t-il après Bède [2] n'a point d'animaux venimeux ; elle n'a ni serpents, ni couleuvres, ni crapauds, ni grenouilles, ni tortues, ni scorpions, ni dragons [3], et si l'on y trouve des araignées, des sangsues, des lézards, toutes ces bêtes sont extrêmement inoffensives [4].

L'Irlande devrait ce privilège, suivant certaines conjectures, à l'intervention de saint Patrice et d'autres saints locaux ; mais Girald croit plus probable que, dès les premiers temps, par conséquent bien avant l'établissement du christianisme, l'île était déjà exempte d'animaux venimeux, par une sorte d'immunité naturelle.

Non seulement, d'ailleurs, rien de venimeux ne peut naître sur le sol irlandais, rien de venimeux apporté d'ailleurs n'y peut vivre [5]. Et Girald cite, à l'appui, comme Bède l'avait déjà fait, des expériences qu'il considère comme parfaitement concluantes [6].

ubi mulieres non pariunt; concipiunt tamen et prægnantes effectæ usque ad pariendi articulum naturaliter intumescunt. Quo imminente, ad alteram insulam advectæ, naturali libertate naturæ indulgent. Quæ si forte detentæ fuerint, sicut aliquoties probandi gratia compertum est, intolerabili statim vexatione torquentur; et usque ad ipsas fere mortis angustias, donec emittantur, dolore premuntur (Id. *ibid.* Dist. II, c. IV, p. 82).

(1) Illic nullus anguis. C. Julii Solini *Polyhistor*, c. XXXV.

(2) Nullum ibi reptile videri soleat, nullus vivere serpens valeat (Bedæ *Hist. Eccles.*, I, 1).

(3) La faune herpétologique irlandaise est, en effet, fort pauvre. La Grande-Bretagne a deux espèces de grenouilles et deux espèces de crapauds, l'Irlande ne possède aucun spécimen de ces deux genres, et ses seuls batraciens sont deux tritons (la Grande-Bretagne en a deux autres en plus). Comme serpents l'Irlande ne connaît qu'un colubridé du genre *trepidonotus* et deux lacertiens qui vivent aussi en Grande-Bretagne où l'on trouve en outre un *pelias*, une *coronelle* et un *anguis* (Cf. E. Schreiber, *Herpetologia Europæa*, Braunschweig, 1875, in-8°. *pass.*) Quant aux araignées et aux sangsues, on sait qu'aucune espèce dangereuse ne vit dans le nord de l'Europe.

(4) Inter omnia verminum genera, solis non nocivis Hibernia gaudet. Venenosis enim omnibus caret. Caret serpentibus et colubris; caret bufonibus et ranis; caret tortuis et scorpionibus; caret et draconibus. Habet tamen araneas, habet sanguisugas, habet et lacertas, sed has prorsus innocuas. (Id. *ibid.* Distinct, II, c. XXVIII, p. 62.)

(5) Nil venenosum aliunde advectum usquam continere vel potuit vel potest (Girald. Camb. *Op. cit.* Distinct. II, c. XXIX, p. 63.)

(6) Nam sæpe illo de Britannia adlati serpentes, mox ut, proximante terris navigio, odore aeris illius adtacti fuerint, intereunt. (Bed. *Hist. Eccles.* I, 1.) — Legitur namque in antiquis terræ istius sanctorum scriptis quod aliquoties experiendi gratia, serpentes in ollis æneis delati sunt. Sed quam cito medium

Il y est question de crapauds morts en touchant la terre irlandaise ou de serpents que l'air seul suffit à faire mourir, quand ils dépassent le milieu du canal de Saint-Georges. Une seule fois, près de Waterford (*apud Waterfordiam*), on trouva une grenouille dans un pré et le roi Duvenald en tira de funestes présages, que la conquête de l'île par les Anglais vint bientôt après vérifier[1].

Il est temps de revenir, après cette digression, provoquée par les inscriptions accolées par Dulcert au profil de son Irlande, à l'étude de la nomenclature de la côte occidentale que nous avons laissée au mot *Abram*.

Le mot suivant est *Comincidela*. J'y crois retrouver une déformation des mots *Conail Cinel*, employés dans le poème de Cormacan Eigeas pour désigner en un point de son périple la race ou progéniture de Conaill. Les gens de Conaill, dit John O'Donovan, étaient les descendants de Conall Gurban, fils de Niall, « *the son of Niall of the Nine Hostages, monarch of Ireland in the fourth Century*[2].

Bordeuli, qui suit *Comincidela*, pourrait bien correspondre au Broad Haven de nos cartes nautiques[3].

Confrenchellan qu'on lit ensuite, est, de même que *Comincidela*,

maris hibernici cursum transmeaverant, exanimes et mortui reperti sunt. Toxicum quoque, similiter allatum, medlis in fluctibus innata malitia benignior aura privavit... Scrutatores oceani mercatores asserentes audivimus, quod cum naves in portu hibernico aliquoties exonerassent, bufones casu illatos in fondo navium invenerunt; quosdam vivos in terram projecissent, statim vero ventre, videntibus et admirantibus multis, medii crepuerunt et interierunt. (Girald. Camb. *Op. cit.* Dist. II, c. XXIX, p. 63.)

(1) « Nostris tamen temporibus, apud Waterfordiam, herbosis in pascuis rana reperta fuit; et coram Roberto Poer, tunc ibi rectore, aliis que multis tam Anglicis quam Hibernicis, in curiam viva delata est. Cumque ipsam multum Anglici, multoque plus Hibernici cum admiratione conspexissent, demum Duvenaldus rex Ossiriensis, vir prudens in gente sua et fidelis, tunc forte praesens existens, cum grandi capitis concussione, gravique cordis dolore, verbum hoc eructavit : « *Pessimos in Hiberniam rumores vermis iste portavit.* » Ubusque tanquam *pronostico vero*, certissimum hoc signum esse dicebat adventus *Anglorum*, imminentis que conquisitionis et expugnationis totius gentis suæ. » (Girald. Camb. *Op. cit.* Dist. II, c. XXXII, p. 65. — Les chap. 30 et 31 sont intitulés, l'un : *De pulvere terræ istius* (Hiberniæ) *venenosos vermes necanti;* l'autre : *De corrigiis terræ istius contra venena conferentibus.*)

(2) *The circuit of Ireland by Muirchertach Mac Neill*, etc. (*Tracts relating to Ireland*, printed for the *Irish Archeological Society*, vol. I, p. 50. Dublin, 1840, in-4°.

(3) Lelewel qui a tenté d'expliquer toute cette nomenclature, dont il connaissait à peu près la suite par l'atlas catalan, n'a point identifié *Comincidela* qu'il rap-

un petit membre de phrase qui s'est profondément modifié en passant de l'erse dans les dialectes latins. J'ai très longtemps cherché, avant de trouver une identification acceptable, et celle que je propose à titre provisoire, n'est encore fondée que sur une ressemblance partielle. Je trouve dans Camden[1] les mots *ellan n' fradadory* traduits par île du purgatoire (*the island of Purgatory* and *Patrick' Purgatory*). Si Confrench*ellan* et *ellan*'n fradadory ont vraiment quelque chose de commun, ainsi que je le suppose, on pourra voir dans l'emploi du premier de ces vocables pour désigner un point de l'Ouest irlandais, le souvenir d'une des légendes les plus remarquables de l'Ulster et du Connaught[2]. Les choses ainsi réglées, Dulcert et ses imitateurs seront lavés du reproche d'avoir négligé d'indiquer dans leurs mappemondes une localité célébrée dans la légende de Fortunatus, et les récits de Henry de Saltrey, de Mathieu Päris, etc., etc.[3], et qui s'est maintenue dans la cartographie jusqu'à la fin du dernier siècle, quoique bouleversée par ordre de Rome dès l'année 1497[4].

Lelewel avait cru pouvoir identifier notre *Confrenchellan* à Cronckell, ce qui est absolument inadmissible. Il faisait du *cap Stronbre* qui vient ensuite la pointe Cadon, du canton de Corsomroc. Je considère, pour ma part, ce cap Stronbre, dont je ne retrouve

proche du Conuadella de Benincasa et du Cormadella de Uhelin et Essler. Il fait de *Bordeali* (Bordellai de Benincasa) une forme ancienne de Burisbool, de Bornee ou de Broca (?). (Cf. *All. cit. Portulan général*, p. 1-2.)

(1) Camden, *Ed. cit.*, vol. III, p. 639. — Ce purgatoire de Saint-Patrick, si célèbre au moyen âge, est placé tantôt dans la ville de *Vernic* près *Valdric*, tantôt et le plus souvent dans une caverne de la petite île du *lough Derg*, comté de Dunegall.

(2) On pourrait encore rapprocher *Confrenchellan* de *Cretshalach*, aujourd'hui Cratlagh, localité bien connue du comté de Clare, à 4 milles au N.-O. de Limerick. Il est question de *Cretshalach* dans le poème déjà cité de Cormacan Elgeas (*The circuit of Ireland by Muircheartach nar Neill* (*Tracts relating to Ireland* printed for the Irish Archæological Society, vol. I, p. 47.)

(3) S. Baring-Gould. *Curious Myths of the Middle Ages*, London, 1884, in-12, p. 230-249. — Cf. R. P. Fr. Bouillon. *Histoire de la vie et du purgatoire de saint Patrice*, Paris, 1651. — Tarbé. *Le purgatoire de saint Patrice, légende du XIIIe siècle*, Paris, 1842, in-8°. — Wright (Th.). *S. Patrick's Purgatory*, London, 1844, in-8°. — Champollion-Figeac. *Mélanges historiques*, t. III. — F. Denis. *Le Monde enchanté*, Paris, 1845, in-16°, p. 157, 174, etc. Voir aussi dans Rymer (t. III, part. 1, p. 174 et part. IV, p. 135) deux pièces de 1358 et 1397 relatives à des pèlerinages au purgatoire de saint Patrick, *purgatorium Sancti Patricii infra Terram nostram Hiberniæ constitutum*.

(4) S. Baring-Gould. *Op. cit.*, p. 244.

point le nom sur les cartes des XVIe, XVIIe et XVIIIe siècles que j'ai sous les yeux[1], comme formé de l'ensemble de la péninsule comprise entre l'embouchure du Shanôn et la baie de Dingle, dont il va être maintenant question.

San brandan est le mont Saint Brandon; *Ledens* correspond à Dingle. « A cinq milles de Dingle, dit Gough, est St-Brandon's Hill, à peine un peu inférieur, s'il l'est même, au Mangerton ou The Recks, et dépassant si bien en hauteur le Knock Patrick de Limerick, célébré par Necham comme la plus haute cime d'Irlande, que Smith ne doute point qu'il ne soit vraiment la montagne visée par le vieux poète. »

Dranert est Ardeannaght, *Borela* rappelle le Bray-Head des cartes modernes. *Drorosey* est sans aucun doute l'île Dursey, *Bire*, l'île Bear. Le *cap de Clar* est le cap Clear avec ses ruines auxquelles se rattache le souvenir de saint Kieran, et *Caocauena*, Crookhaven; avec son excellent port et les restes du château de Dunbeacon, *Donborg* de la mappemonde de Dulcert.

J'ai déjà dit que je croyais reconnaître *Grenbaron* de notre carte dans la petite ville de Skibbereen à quatre milles de Baltimore, où subsistent les débris du vieux monastère de Shrowry[2].

Les autres noms du littoral irlandais font déjà partie de la nomenclature de l'atlas Tamar Luxoro, étudiée par MM. Desimoni et Belgrano[3]. Nous renvoyons le lecteur à cette bonne monographie.

Britannia. — On a vu plus haut de quelle façon les plus anciennes cartes marines, comme la mogrebine de Milan, représentaient, au XIIIe siècle, la Grande-Bretagne[4]. Les Génois en avaient, au commencement du XIVe, modifié quelque peu les formes et surtout considérablement multiplié les noms de lieux. La carte de Dulcert double presque cette nomenclature géographique, tant en Angleterre qu'en Écosse[5].

(1) Je me demande cependant s'il ne faut pas chercher dans ce *cap Strombre* le cap Strumble du comté de Pembroke, au pays de Galles, ayant subi, par ignorance, un énorme déplacement vers l'Ouest.

(2) Cf. Gough. *Loc. cit. pass.*

(3) Je ferai seulement observer que *dom* et *grara*, séparés par une embouchure de fleuve sur la carte n° 1, de l'Atlas Tamar Luxoro et portés comme deux noms distincts sur la liste de MM. Desimoni et Belgrano, n'en doivent former qu'un seul correspondant à Dungarvan.

(4) Voy. plus haut p. 357. — Cf. Lelewel, *Op. cit. Atlas*, pl. XII.

(5) La carte d'Angleterre, dont se servait l'auteur anonyme du *Conoscimiento*

Les côtes du pays de Galles sont encore assez mal connues; à Majorque on inscrit toutefois le long de la bande Nord du canal de Bristol un certain nombre de noms de pays, plus ou moins estropiés d'ailleurs, tels que *Millefrel*, Milverd (Girald), Milford (Leland)[1]. Milford haven, le plus beau et le plus sûr des ports de toute l'Europe, suivant Camden[2]; *Pombriya* le vieux Pen-bro[3], Pembroke; *Timbit*, Tinby[4] (Leland) Tenby; *Bristoya*, que l'anonyme de 1375 remplacera par *Bremaset* Wormshead.

Scõ Nicolao, qui vient ensuite correspond à Cardiff, *Bristo* est Bristol, enfin *Scã Elena* correspond peut-être à Elmore[5]. La bande Sud du même canal est complètement négligée; Dulcert n'y connaît que le havre de Padestow (*Potrifto*), et je suis admis à supposer qu'en quittant ce point de relâche, les navigateurs du temps remontaient droit au Nord jusqu'en face de Milford, pour gagner ensuite, en vue des côtes, le fond du golfe, où le commerce de Bristol les attirait.

La côte méridionale de la Grande-Bretagne est toute garnie de noms de lieux, chez Duclert, comme chez ses prédécesseurs italiens, et l'on ne trouve à relever dans son œuvre que des variantes d'orthographe, des omissions légères et quelques additions un peu plus importantes[6].

Les identifications sont presque toujours très aisées. *Musafola* est Mowschole de Leland[7], Moushole des cartes modernes; *Falemua*

ne portait que onze noms de villes : « Sabed que es tierra (de Inglaterra) muy poblada en falle et ella onze çibdades grandes. La mayor dellas do coronan los Reyes llaman *Londres*, Otra *Gunsa* do son los estudios generales, otra dizen *Antona* et *Bristol* et *Artamua* et *Premua* et *Miraforda* et en esta isla de Inglaterra ay vna grand prouincia que dizen Galas en que ay vna gran çibdat que dizen *Dirgales*. » Cette dernière est notre Virgalles, qui n'est pas une ville, comme le croyait, à vue de cartes, l'auteur du *Conoscimiento*.

(1) *The Itinerary* of John Leland the Antiquary in nine volumes published by M. Thomas Hearne. Oxford, 1770, in-8°. Vol. V, p. 25.

(2) « The noblest and safest in Europe for its many creeks and good anchorages which cleave the banks like so many fibres, etc. (vol. II, p. 513).

(3) Gough. *ibid.*, p. 513. Ce nom intervient très fréquemment dans les chartes sous les formes *Pembrochia*, *Pembrok*, *Pembrugge* (Rymer. *Fœd. pass.*)

(4) Id., *ibib.* Vol. V. p. 25.

(5) *Calamerh*, *Vernas*, *Suberna*, ajoutés par l'anonyme de 1375, représentent Caermarthen, sur la Towy, le château de Pennarth, dans la baie d'Oxwich, enfin la rivière Saverne.

(6) Voy. le tableau I à la fin de ce mémoire.

(7) « A praty fyschar towne (Leland. Vol. VII, p. 117).

répond à Falemuth (Leland), Falmouth[1]. Dans *Godeman* on reconnaît la Dodman Point. *Portmua* est Plymouth[2], *Artamua*, Dartmouth[3]. *Tores* est devenu Tor bay[4]. *Tingamua*, *Lim* se retrouvent dans Teignmouth[5] et Lyme Regis[6]. L'église, dont on voyait encore les ruines au temps de Camden à la pointe Sud de Portland, et cette pointe elle-même correspondaient au *saco* et au *cauo de porlan*[7].

Quelques difficultés surgissent à l'occasion des noms qui suivent. *Scō Autermo*, par exemple, m'a arrêté pendant un certain temps; j'ai fini par y reconnaître le nom de l'apôtre Æthelmer qui renversa l'idole saxonne de *Heil* et fonda en 987 la fameuse abbaye de Cerne. *Scā Pola* me paraît correspondre à Poole, très ancien bourg, dit Gough, avec marché et port de commerce[8].

Balener est issu, me semble-t-il, d'une mauvaise transcription d'Abby Leonard, que je trouve derrière l'île de Wight, à égale distance de l'entrée de Hurts et de la rivière de Tees.

Puis ce sont *Antona*, la ville du *Hantescyre* ou comté de Hant du *Doomesday book*, que sa situation méridionale a fait depuis nommer Southampton[9]; *Portamua*, Portesmutha, Portesmudham, Portesmuth, Portesmue[10], Portsmouth; *Soram*, le vieux Scoreham[11],

(1) « Falemuth ys a havyng vere notable and famose, and yn a maner the most principale of al Britayne (Leland. Vol. VII, p. 119).

(2) Plommouth (Rymer *Fœd.* t. III, part. 1, p. 174.)

(3) Derthemuth (*Ibid.* t. III, part. 1, p. 174.) — *Sabbie* et *Godester* intercalés plus tard (*All. Cat.*) correspondent l'un à S. Blaise, près Fowey, l'autre à Stert Point (Cf. Camden., *ed. cit.*, vol. I, p. 16 et 26).

(4) « Torbay a very convenient harbour, for ships, dit Camden (p. 27), when the south west wind blows, having a small village of the same name on it... »

(5) C'est, dit-on, à Teignmouth, Tinemuthe, Tinemutha, Tinanmuthe, Tynemue (*Monum. Hist. Britann.* Vol. I, p. 50, 186, 233, etc.), que les Danois abordèrent pour la première fois en Angleterre en 800 (Camden, vol. I, p. 27).

(6) Cf. Leland, vol. III, p. 74.

(7) Port ou Portland (*Monum. Hist. Britann.* Vol. I, p. 345, 339.)

(8) Gough, *loc. cit.*, p. 49.

(9) Voir plus haut, p. 342 etc. — *Southamptonia* (1372) (Rymer *Fœd.* t. III, part. II, p. 190).

(10) Rymer *Fœd.* t. III, part. II, p. 190. — *Monum. Hist. Britann.* Vol. I, p. 300, 524, 711, 788.

(11) « In former ages ships used to come up under sail to Brembre (Braember) which is farther from the sea (Camden).

Shoreham des cartes actuelles; *Saforda*, Seaford[1] *Beocep*. Beachey-head, la pointe du South Down; *Guinsalexeo*, Winchelsea, plusieurs fois mentionnée plus haut; *Romaneo*, Romney, *Dobla*, Douvres; *Sanuis*, Sandwich, dont il était aussi question au commencement de ce travail sous les noms de *Sanuis*, de *Sandvicum*, de *Sandwycum*[2]; enfin *Londres* et *Tamexa*, Londres et son fleuve, la Tamise *(Thamisia)*.

La nomenclature de la côte orientale est généralement tout aussi facile à localiser. Avec un peu d'attention on retrouve le groupe *Orellem*, *Oreorda*, *Arois*, dans Orwell, le port d'Ipswich, au bas de la rivière du même nom, Arwerton et Harwich sur les deux rives de la Stour. *Arevorda*[3] est Orford, ancienne ville maritime, abandonnée par la mer, et dont les pêcheurs s'étaient signalés au temps d'Henry Ier, en capturant un *homme marin tout vivant*[4].

Je fais de *Tarquelay*, Kirkley, ancien village maritime, au Sud de Lowestoffe, qui l'a absorbé. *Iarnemua* est Yarmouth; *Cafor* est Castor Saint Edmunds, connu pour ses antiquités[5]; *Aftacer* et *Cacardo* représentent Attlesham et Kirkdale[6]. Bracanea correspond à Blakeney[7]; *Lena*, la *Lennia* des chartes[8] à Lynn; *Ely* n'a pas changé de nom.

Sanbetorfo n'est autre que Saint Botholf. Botholph's Town qui

(1) « Another small fishing town, which has the privilege of a *cinque port* and borough (Camden).

(2) Voir plus haut p. 352 et 353.

(3) Orford « was a large and populous town suffering from the retreat of the sea, which has gradually retired itself and seems to envy it the advantage of its harbour. (Camden, vol. II, p. 75. — Cf. Gough. *Ibid*, p. 87).

(4) « In the time of King Henri I, when Barth. de Glanville was warden of Orreford castle, the fishermen took in their nets a wild man, having the human shape complete, with hair on his head, a long and picked beard, and a great deel of shaggy hair in his breasts, but he stole away to sea privately, and was neven seen afterwards. »

(5) « Castor is certainly the most considerable station in these part. (Gough, vol. II, p. 105, 110.)

(6) Attlesham, comme Attleborough, Attlebridge, rappelle le nom du roi Attling. — Godaner, placé avant Attacer a résisté à toute identification.

(7) Et non pas à Brancaster, l'ancien *Brannodunum*, comme le croyait Lelewel.

(8) On faisait à *Lennia*, Lynn, au commencement du XIVe siècle le commerce du poisson et des meules de Norwège. G. F. Sartorius, *Urkundliche Geschichte des Ursprunges der Deutschen Hansa* herausg. von J. M. Lappenberg. Hamburg 1830. In-8° Bd. II, p. 228-229.

a donné par contraction Boston[1]. *Rauenzor* se retrouverait peut-être dans le Waynflet, Wainflete ou Waynfleete de Leland[2]; *Nisa* paraît répondre à Naith; *Vmbro* est certainement l'Humber; *Vllo* s'appelle maintenant Kingston upon Hull[3], *cauo venbro* enfin, le cap de l'Humber porte aujourd'hui le nom de Sprunhead, c'est la pointe qui couvre au Nord l'entrée du fleuve dans la mer[4].

Ce fleuve, ou plutôt ce détroit, va d'une mer à l'autre dans notre mappemonde, séparant ainsi la Grande-Bretagne en deux parties inégales et sur sa berge Nord on voit s'élever deux montagnes abruptes, dont l'une, celle de l'Ouest, porte l'étendard d'Écosse, et la légende *castro beruihir*, château de Berwick, — la montagne de l'Est a pour nom *castro nouo*. Berwick est cependant sur la Tweede où nous allons le retrouver plus loin, et dès le XIIIe siècle sa possession, comme celle de Roxburgh, est continuellement disputée par les Anglais et par les Écossais.

Dulcert revient à un sentiment plus juste des choses avec *Scardenborg*, Scardebung[5] (Leland), Scarborough, connu dès le moyen âge par ses pêcheries de harengs, *Sulina*, *Tyna*[6] la Tyne et enfin *Beruhic*, Berwick, dont il répète le nom, en mettant cette fois à sa véritable place la forteresse de la Tweede, *Tueda*[7].

Escocia.— L'Écosse n'était représentée dans les premiers essais des cosmographes du moyen âge, que par un nom d'abord, puis par un petit quadrilatère séparé primitivement de celui qui correspondait à l'Angleterre, réuni ensuite à celui-ci, et prenant dans la carte édrisienne la forme d'un doigt recourbé. Elle commence à se développer vers le Nord dès l'apparition des auxiliaires gênois, qui viennent com-

(1) Camden, vol. II, p. 224.

(2) Leland, vol. IV, p. 32, vol. VI, p. 57, vol. VII, p. 40. — Wayneflete a praty Market stonding on a Breke nere to the Se. To this Toune long smaul vessels. — Cf. Gough, II, 275.

(3) Kyngeston super Hull (Rymer *Fœd.* t. III, part. II, p. 194).

(4) L'atlas catalan énumère *cafor*, *godaner*, *afcacer*, *cacardo*, *lena*, *elly sanbetorf*, *rauenzor*, *nissa*, *unbro*, *vllo*, *cauo venbro*.

(5) Le nord de l'Angleterre dans l'atlas catalan porte les noms suivants : *scardenborg*, *sulina*, *banborg* (Bambrough) *tueda*, *beruhic*. Banborg est le vieux Bebbanburh, la ville de Bebba, la forteresse et l'ancienne résidence des rois du Northumberland. (*Monum. Hist. Britann.* Vol. I, p. 102, 178, 188, etc.)

(6) Voir plus haut p. 342.

(7) Tuidi, Tweda, Thuede. (*Monum. Hist. Britann.* Vol. I, p. 271, 242, 825, etc.)

battre pour Édouard II les navires de Robert Bruce, et dans la mappemonde de Dulcert elle occupe déjà un vaste quadrilatère un peu plus haut que large[1], qui se prolonge dans son angle supérieur gauche en une pointe assez longue dirigée vers le N.-O. et dite *finis scocie* et se continue dans son angle supérieur droit par une île arrondie, *insula de tile*. C'est l'*ultima Thule* des anciens[2] que, par une adaptation qui leur est propre, Dulcert et ses imitateurs placent à peu près en face de Dundee (*Donde*) et du Tay (*Lataya*) sur l'estuaire duquel est située cette vieille cité, aujourd'hui la troisième de l'Écosse[3]. C'est le dernier point qu'occupera cette terre, si longtemps célèbre, avant de disparaître définitivement de la carte[4] ou plutôt de se confondre, comme Peucer l'avait reconnu, avec l'archipel des îles Sehtland[5].

Outre *Donfres* et *Lataya*, Dulcert connait encore en Écosse *fert*, *cauo dorada* et *tueda*, le Forth, le Whan ness, ou cap Saint Abbs et la Tweed. Ses continuateurs ajouteront à cette trop courte liste *Rochburch*, Rosburgh ou Roxburgh, qui joue un rôle si important dans l'histoire de l'Écosse au XIIIe et au XIVe siècles[6].

Scetiland, Orchina, Chatenes — Outre le disque qui répond à l'insula *de tile*, dont nous venons de dire quelques mots[7], carto-

(1) C'est encore une île chez l'auteur du *Conoscimiento*. « ...Dende llegamos a la isla de Escocia y falle en ella quadro cibdades grandes, a la vna dizen Donfres, Enernic otra Donde otra Verule. (*Conoscim.*, p. 37.)

(2) Camden et Gough ont réuni tous les textes anciens qui concernent Thule dans les p. 126 et 127 du tome III de l'édition souvent citée plus haut de la *Britannia*.

(3) Est-ce par tradition que, sur l'emplacement même de cette *insula de tile*, les hydrographes ont longtemps marqué un énorme banc de sable de forme ovale s'étendant en face de la côte écossaise entre Fif Ness et Buchan Ness. (Cf. Bonne, *Isles Britanniques* (*Encycl. méth.*, pl. 73). — Etc.)

(4) Cette *Tile* imaginaire était encore entre l'Écosse et la Norvège chez quelques cartographes de la fin du XVe siècle. Je citerai entre autres l'auteur de la mappemonde de 1489 du British Museum (Santarem, *Atl. cit.*).

(5) If what the very learned Gaspar Peucer has observed in his book about the measure of the earth be true (and I cannot controvert him), that the seamen call *Schetland Thillensell*, we have found Thule. (Camden, vol. III, p. 126.)

(6) Cf. Gough, vol. III. p. 297-298.

(7) L'auteur du *Conoscimiento* raconte avoir touché à cette île imaginaire en allant de Frise en Ecosse « llegamos a otra isla que dizen insula Tille et dende llegamos a la Ysla de Escocia » (p. 18). Il prétend également avoir visité les îles dont il est question ci-après, et qu'il appelle *Eterns*, *Arlania* et *Citilant* (p. 20), dans le même passage, du reste, où il fait d'*Ibernia* une terre distincte de *Irlanda*.

graphe majorcain de 1339 a dessiné dans le nord des Iles Britanniques trois autres figures irrégulières, superposées en ligne droite et à des distances égales, au-dessus de *fuix scocie* mentionné plus haut.

La première, ovale, à grand diamètre transversal, porte l'inscription *insula Scetiland;* la seconde, en forme de pentagone irrégulier est appelée *insula Orchania;* la troisième, à peu près arrondie, est surmontée des mots *insula Chatenes*[1]. Ce sont à peu près les terres que l'on retrouve dans les mêmes parages sur les autres mappemondes catalanes du XIVe siècle.

Insula Chatenes, ila Chatanes de l'anonyme de 1375, *insula de Catanes* de la carte de Naples, est le comté de Caithness qui forme l'angle N.-E. de l'Ecosse, et qu'un renseignement erroné a transformé en île et repoussé bien loin dans l'Océan septentrional. Le Sutherland, dont Caithness fait partie, profondément séparé du reste de l'Ecosse par la longueur du golfe de Dornock, du lac Shin et du lac Laxford, avait aisément pu passer pour une île aux yeux des premiers navigateurs. C'est d'ailleurs sous une forme presque insulaire que se montre encore *Catones* dans la carte de Mathieu Paris, reproduite par Lelewel[2].

L'insula Orchania de Dulcert, de l'atlas de 1375 et de la mappemonde de Naples, représente les Orcades, *Orkney Islands*, prises en bloc, sans distinction aucune entre les nombreuses îles qui composent l'archipel[3]. *Insula Scetiland*[4] correspond de même aux Shetland. Dulcert a écrit à côté l'inscription que voici : *Insula ista habet Regem et habent linguam noricam.* Les rois des Shetland étaient en effet des Norvégiens[5], et la nomenclature actuelle des noms de lieux est encore toute nordique[6].

(1) Dans l'atlas catalan de 1375, le disque équivalant à l'*insula de Tile* de Dulcert est anépigraphe; aussi Tastu et Buchon ont-ils pensé que la Thule qu'il leur fallait trouver, était cette *ila Chatanes*.

(2) J. Lelewel, *op. cit. Atlas*, pl. XXIV, n° 1. — L'auteur anonyme de la carte n° 5 de la même planche écrit *Cainesse* et non loin de là *hic abundant lupi.*

(3) L'atlas catalan dit ce qui suit des Orcades :

En aquesta illa de Archania fa VI messes de dia, que la nit es clara, e VI messes de nit, que lo jorn es fosch.

(4) *Illa de Stillanda* (Atlas catalan), *Insula di Stillanda* (Mus. Borb.). Ce dernier ajoute « *que an la langua de Noroegua e son ytianas* ». Le premier avait dit « *q. han la langua de nurvega e son Xtinas* ».

(5) Cf. P. Riant, *op. cit.*, p. 26.

(6) « In the Shetlands every local name, without exception, is Norwegian (Rev. Isaac Taylor. *Words and Places*, London, 1864, in-12, p. 178.)

Suivent quelques indications météorologiques sur la durée de l'hiver et la congélation de la mer[1].

Je n'insisterai pas sur la nomenclature des îles Hébrides, n'ayant rien à ajouter à ce que Lelewel en a dit, dans son *Portulan général*.

V

Norveca ou *Navergia*[2]. — Les pays scandinaves étaient moins connus encore, que l'Ecosse et les îles voisines, des cosmographes qui dessinaient les premières mappemondes parvenues jusqu'à nous. On savait toutefois, dès le premier tiers du XIVe siècle, que loin d'être des îles, comme les anciens l'avaient cru et comme les premiers dessinateurs de cartes l'avaient représenté, ces vastes contrées se rattachent vers l'Orient par un isthme plus ou moins large, au reste de l'Europe septentrionale.

Mais, en dehors de quelques cantons méridionaux sur lesquels on avait obtenu des indications encore assez vagues, on ne connaissait rien de bien net de la situation relative, de la topographie côtière, de la nomenclature des noms de lieux de la Norvège ou de la Suède.

Dulcert traça donc à une faible distance de l'Ecosse, des Shetland et des Orcades, trop au nord et trop à l'ouest tout ensemble, une terre à laquelle il donnait des formes de convention tout à fait exceptionnelles. C'est une sorte de grande forteresse à quatre faces, dont les deux latérales remontent jusque dans la bordure de la carte, tandis que l'inférieure projette vers le sud quatre ou cinq bastions irrégulièrement espacés. Cette enceinte figure des amoncellements de rochers couverts d'une sombre végétation; c'est dans la pensée du cartographe l'image de ces farouches côtes de Norvège, dont l'abri inhospitalier effrayait encore nos pilotes de la fin du XVIe siècle.

Dulcert prend soin d'ailleurs d'ajouter à son croquis de courts commentaires et l'on peut lire, dans le haut de la mappemonde qui fait l'objet de ces recherches, la phrase que voici :

« *Norvegia*[3] *est regio asperrima, frigidissima, montuosa, sil-*

(1) J'ai omis de signaler dans la marge gauche de la carte les deux mots *Mare Concretom* inscrits à la hauteur de *Chatenes*, par opposition aux deux mots *Mare Occeanom* inscrits dans la même marge un peu au-dessus de l'Irlande.

(2) La Norvège est appelée *Norweon* dans le privilège de l'église de Hambourg de 834 (*in gentibus, videlicet... Norweon* (*Hludovici Imp. Privilegium*

vestris et nemorosa[1]. » Les habitants de ce rude pays, continue le cosmographe de 1339, vivent plus des produits de leur chasse et de leur pêche que du pain qu'ils peuvent fabriquer avec les maigres récoltes que le froid leur laisse.

Les animaux ainsi chassés sont d'abord des cerfs, puis, des ours blancs, qui vivent de poisson. *Hic sunt ursi albi et comedunt pisces crudos*, enfin des faucons remarquables par leur taille. *Hic sunt grandes falcones*[2].

Ces faucons de Norvège ou gerfaults étaient très estimés en Orient comme en Occident ; il en est souvent question dans les documents du XIIIe et du XIVe siècle. Nous savons par exemple que Lodinn de Leppr, ambassadeur du roi Hakon en Tunisie (1263) a emporté des gerfaults pour le souverain musulman et que le skalde Sturli Thordarson célébrant dans ses vers le départ de l'ambassade disait que ces oiseaux feraient « la joie des seigneurs de là-bas[3] ». Nous savons encore que dans une convention passée avec Gerald de Olivaria, citoyen de Barcelone, à la date du 20 décembre 1321, Don Jayme, *el Justo*, stipulait qu'il lui serait fourni cinq gerfaults, dont un blanc, s'il était possible d'en trouver de tel ; il voulait envoyer ces oiseaux au soudan de Babylone[4].

ecclesiæ Hammaburgensi concessum (Lindenbrogii *Script. Rer. Germanic.* Hamburgi, 1706, in-f°, p. 125-126.) Les Norvégiens sont nommés *gens Nortwehorum* dans la confirmation de Grégoire IV (Ibid. p. 127) et *g. Norwenorum* dans celle de Léon, successeur de Grégoire (Ibid. p. 127). — L'auteur du *Conocimiento* nomme la Norvège *Noruega* (p. 16), les cartographes catalans *Nuruega* ou *Noruega*.

(1) *Aquesta regio de Nurrega*, dit l'anonyme de 1375, *est moll aspra e | moll freda e muntanyosa salvatgosa e plena de | boschs. Los habitadors de la qual mes viven | de peix e de caça que de pa, auena si fa e fort | pochs por lo gran fret, molles feres hi ha ço es ceruos orsos blanches e grifalls.*

(2) « En las montanas desda Nervega, lit-on dans le *Conoscimiento*, crian muchas aues girifaltes açores falcones otrosi crian muchas animalias fuertes jaualis blancos osos blancos (*loc. cit.*, p. 16).

(3) P. Riant. *Expéditions et pèlerinages des Scandinaves en Terre Sainte au temps des Croisades*. Paris, 1865, in-8°, p. 351. — Le même auteur mentionne une autorisation du pape Clément VI au roi de Suède de vendre pendant cinq ans des faucons aux Sarrasins. (*Dipl. Suecica*, n° 4,226.)

(4) Teneamini procurare, emere vestris sumptibus et habere quinque falcones grifalls prims inter quos sit unus albus si poterit reperiri et duas pecias presseti rubei alteram de Duay (Douai) et alteram de Ipre (Ypre) ; item duas pecias panni de Xalone (Châlons) optimi, alteram coloris lividi clari et alteram

C'était de Flandre qu'on apportait en Espagne [1] les gerfaults venus de Norvège [2]. Encore au dernier siècle les Norvégiens appelaient tous les ans d'Allemagne et de Hollande des chasseurs spéciaux pour prendre ces rapaces dans l'Osterdal, dans le diocèse de Christiansand et en particulier à Iedderen [3].

Quant aux ours blancs, le trait de mœurs qui leur est attribué par le Majorcain était depuis longtemps légendaire, lorsque Olaüs Magnus l'a fixé dans un de ses plus curieux récits [4]. Le même auteur nous apprend, de plus, que ces animaux étaient demeurés assez communs de son temps dans la région où notre carte les place, pour que l'église métropolitaine de Nidaross ou Trondjhem fût, chaque hiver, abondamment fournie de tapis en peaux d'ours blancs offerts aux autels par la piété des chasseurs norvégiens [5].

coloris viridi festaquini; item octo pennas varias et sex pecias telarum de Rems (Reims) tenues et obtimas que omnia presententur et dentre pro parte nostra per dictos nostros nuncios Soldano Babilonie supradicto... Dertusæ (Tortose) 20 Dec. 1321. (*Col. de Documentos ineditos del Archivo general de la Corona de Aragon* publicad... D. Prospero de Bofarull y Mascaro. t. VI, p. 232.)

(1) D. Pedro. Al amado Lope de Gulester de casa nuestra et aministrador en Cerdenya salud et dileccion. Recibiemos una lettra vestra en laqual nos faziades saber que vos yeran venidos de part de Flandres falcons girifaldes... Darocha, 20 août 1337. (*Ibid.*)

(2) Les gerfaults sont relevés spécialement parmi les articles de Norweghe énumérés dans le document du milieu du XIIIe siècle déjà cité d'après Legrand d'Aussy et Warnkœnig.

(3) « I shall only observe, that here in Norway, particularly in Osterdalen; and also in the diocese of Christiansand, and particularly at Iedderen, there is found extraordinary good Falcons for the sport; they are grey and white and are of several kinds, large and small : to catch them we generally used to have people come from Germany and the Netherland annually. » (Right Revd Erich Pontoppidan, bishop of Bergen in Norway. *The Natural History of Norway*. London, 1755, in-f°. Part. II, ch. III, s. VII, p. 72.)

(4) « Ursi albi maximi et fortissimi, qui unguibus glaciem rumpunt, et foramina multa faciunt... per quæ glacialia foramina se in mare immergunt et sub glacie pisces rapientes, eos extrahunt et ad littus deferentes, inde vivunt : idque toties quoties opus fuerit, reiterant pro sua suorumque catulorum sustentatione... (*Historia de gentibus septentrionalibus earumque diversis statibus, conditionibus, moribus, ritibus, superstitionibus*... Autore Olao Magno... Romæ, 1555, in-4°, lib. XVIII, c. XXIV, p. 621.)

(5) Pelles horum ursorum albæ per venatores offerri solent summis altaribus Cathedralium, vel Parochialium Ecclesiarum, ne Sacerdos celebrans in pedibus tempore horrendi frigoris gelu patiatur. In Ecclesia Nidrosiensi, id est Metropoli regni Norvegiæ, continuis annis tales reperiuntur albæ pelles, voto venatorum fideliter in omni præda raptæ atque oblatæ (*Ibid.*).

Nidaross dont je viens d'emprunter à Olaus Magnus le nom modernisé, Nidarosia, ainsi qu'on l'appelle dans les anciennes Sagas [1], est chez les Catalans la plus importante des villes de Norvège.

C'est une forteresse qui domine la mer du haut de sa falaise escarpée et au dessus de laquelle brille une croix, tandis que flotte au vent le pavillon armorié où, sur champ d'or, passe un lion de sable. Fondée à l'embouchure de la Nid, elle avait emprunté le nom de cette rivière. A ce nom, s'est peu à peu substitué à l'étranger d'abord, dans le pays ensuite, celui de Trondheim [2].

Ce dernier nom était parvenu à Majorque sous la forme adoucie de *Tronde* [3]; on le prit pour le nom d'une autre ville, distincte de la première, et l'on dessina à côté de *Nidroxia* une seconde cité sans drapeau, il est vrai, mais d'ailleurs toute semblable à la métropole norvégienne [4].

Alogia [5] est moins considérable. Cette ville est l'*Asloia* où résidait le roi Swer, et qu'un récit danois de 1191 donne comme une cité riche et peuplée, la troisième de la Norvège [6]; c'est la *Civitas Asloensis* des chartes norvégiennes; c'est Aalesund, la patrie de Rollon, dont on montre encore aujourd'hui le *borg* ruiné, non loin du port [7].

(1) *Nidarosia*, *Nidaross* (*Saga af Olafi Tryggva Syni*, c. LXXII, ap. *Noreg's Konunga Sögor*, t. I, p. 870, etc. Hauniæ, 1777, in-f°.

(2) « Vox Nidaros significat fluvii Nidæ ostium signatque hic locum in quo postea fundata est urbs, dicta Nidaros, quam exteri primum, postea ipsi indigenæ vocarunt Throndemiam (*Ibid. n*).

(3) Le récit, si répandu du célèbre naufrage de Piero Querini (1431) fit prévaloir plus tard les formes *Trondon* et *Trondo* (Ramusio. *Ed. cit.* II. 210 v°). C'est ce même malheureux voyage qui a donné les premières notions sur la côte au nord de Trondheim et en particulier sur les Loffoden, Sandö (*isola de Santi*) Röst (Rustena) (*Ibid.* II, 208 r°, 209 v°). — Cf. Bullo. *Il Viaggio di M. Piero Querini e le relazioni della Republica di Venezia colla Svezia.* Venezia, 1881, in-8°. — Pennesi. *Viaggio del Mag. M. Piero Querino.* (*Boll. della Societa Geografica Italiana*, Roma, 1885.) — G. Marcel. *Un voyage involontaire en Norvège au XV° siècle* (*Rev. Scient.*, 30 oct. 1886).

(4) L'auteur du *Conoscimiento* tombe dans la même erreur, que ne savent pas éviter non plus l'anonyme de 1375 et celui du Mus. Borb. qui juxtaposent dans leurs cartes *Nidrosia* et *Tronde*.

(5) Il n'est question d'Alogia ni dans le *Conoscimiento* ni dans l'Atlas de 1375.

(6) ...Quæ civitas est dives multum et populosa, tertiaque totius regni nobilior. (Anonymus *de profectione Danorum in terram sanctam*, c. IX. (*Script. Rer. Danic. medii ævi.* Coll. Langebek, t. V, p. 392. Hauniæ, 1783, in-f°.)

(7) M. Dahlgren est disposé à identifier Alogia avec Halogaland, Helgeland, Holrelant de la carte de Donis de 1482.

Bergis est Bergen, Blörgyn des récits scandinaves[1]. Sans donner à ce port déjà très fréquenté les contournements anfractueux et profonds dont la nature l'a doté, notre cosmographe l'a pourtant dessiné au fond d'un golfe, mal orienté, il est vrai, puisqu'il s'ouvre au sud au lieu de regarder le couchant[2].

Bergen était, dès la fin du XIIe siècle, une ville très populeuse et abondait en ressources variées. L'anonyme de 1191, que je viens déjà de citer, parle avec enthousiasme des navires qui arrivent de tous pays dans son port et des marchandises variées qu'ils y amènent. Il a vu à Bergen des Islandais et des Groenlandais, des Anglais et des Teutons, des Danois et des Suédois, des Gothlandais et des hommes d'autres nations encore qu'il serait trop long d'énumérer. Les poissons secs appelés *skrei* sont si abondants qu'on n'en saurait dire le nombre; le miel, l'orge, les vêtements, l'argent monnoyé affluent sur cet important marché[3].

Mastranto vient ensuite dans un second golfe semblable. C'est *Malstrander*, *Malstrandir*, *Malstrandom* de la Saga d'Haconar (1264-1271)[4]. *Masterland*, *Marstrand* des géographes de la période moderne, située dans une île du Skager-Rak, à trente kilomètres au nord-ouest de Göteborg et que l'ignorance des géographes de la Méditerranée transportait au XIVe siècle sur la côte méridionale de Norvège entre Bergen (*Bergis*) et Tunsberg (*Trunberg*).

Cette dernière[5] localité qui, sur la carte de Dulcert, est couchée au fond d'un golfe symétrique à celui de Bergen, golfe où l'on est con-

(1) Vid Konungehello, oc vid Oslu, vid Tunsberg, vid Borg, vid Blörgyn oc nodr vid Nidarós. » (*Af Haralldi Hardrada* (*Noreg's Konunga Sogör*, t. III, p. 173.)

(2) L'atlas catalan de 1375 nomme cette ville *Bragis*, le *Conoscimiento* l'appelle *Regis* et ajoute que c'est là qu'on couronne les rois « do coronan los Reyes ».

(3) ...Civitas (Bergæ).., populosa valde, religiosorum virorum ac feminarum illic monasteria, dives et abundans multis opibus, siccorum piscium, qui vocantur *Screiz* tanta copia, ut mensuram excedat et numerum. Affluentiam navium et hominum undique venientium, Islandos, Groenlandos, Anglicos, Theotonicos, Danos, Suecos, Gutlandos, ceterasque nationes, quas dinumerare longum est, si curiosus esse volueris, illic reperire poteris. Vim mellis, tritici, bonarumque vestium, argenti quoque ceterarumque rerum venalium, multa sufficientia et de singulis grata satis mutuatio (Anonymus. *De profectione Danorum in terram sanctam*, c. x. (*Scriptores Rerum Danicarum medii ævi*, coll. Langebek, t. V, p. 352.)

(4) *Noreg's Konunga Sögor*, t. V, p. 155, 239, 383.

(5) *Trunberec* du Conoscimiento (p. 35).

traint de chercher le *fjord* de Christiania, était jadis un port de commerce, *Tunsberg quod tunc erat emporium*, dit la Saga d'Harald[1] : Christiania, l'ancienne Opslo, Drammen, Moss, l'ont depuis longtemps remplacée.

Suecia. La presqu'île suédoise (*Suecia* ou *Suetia*, Sanut. *Suionia*, Carign.), est séparée de la Norvège sur la mappemonde catalane de 1339 et sur les cartes qui s'en sont inspirées par le cours d'un fleuve innommé correspondant au Göta Elf, (*ingens fluvius Elf appellatus*)[2] qui conduit au Kattégat les eaux du grand lac Venern. Ce lac, auquel notre cartographe attribue une forme régulièrement circulaire, porte chez lui le nom de *lacus scarsæ*[3].

L'antique Skara,[4] dont Adam de Brême exaltait l'importance, était située à sept journées de marche de la Scanie. C'était la capitale de la Westrogothie. Tout près de là, à Husebya, Sigfried a baptisé le roi Olaf[5].

Skara existe encore, bien amoindrie, sous le nom de Skaraborg, entre les deux lacs Venern et Vettern. Le géographe catalan l'a dessinée avec son étendard aux deux liens de sable passant, assise, sur le bord méridional du premier de ces lacs.

On lit au nord de cette même masse d'eau l'inscription suivante: *Ad partes istas est magnum frigus et propter hoc non semanat auenam*[6].

La limite septentrionale de la culture de l'avoine passe en réalité bien plus au nord entre Westerbotten et Norrbotten[7].

(1) *Noreg's Konunga Sögor*, t. I, p. 88.—L'anonyme de 1191 l'appelle *Civitatem Tunsbergem*. (Langebek, *op. cit.*, t. V. p. 350.) Les chartes lui donnent les noms de *Tunsberga* et *Tunsbergh*, Sartorius, *op. cit.*, Bd. II, s. 155, 235.)

(2) Anonymus. *De profectione Danorum in terram sanctam*, c. VIII. (Langebek, *op. cit.* t. V, p. 350.) L'Elf était alors une frontière nationale. « *In sua dextra parte*, dit l'anonyme, *Goutos admittit et Danos, in sinistra vero solos fertur generare Northmannos* (p. 351).

(3) *Lacus escarde* du *Conoscim.*, p. 35.

(4) *Tarsa* du *Conoscimiento* (p. 35), *Scara* des mappemondes.

(5) Io. Philippi Murray. *Commentatio posterior. Descriptio Terrarum septentrionalium. sæculis* IX, X *et* XI, *ex idea Adami Bremensis, aliorumque scriptorum germanicorum istius ævi* (*Nov. Comment. Soc. Reg. Scientiarum Gottingensis*, t. I. *Comment. Hist. et Philolog.*, p. 157-158, 1771.)

(6) Voir plus haut (p. 39, n. 1) ce que dit l'anonyme de 1375, de l'avoine en Norvège.

(7) Suivant A. de Candolle l'avoine peut pousser jusqu'au 65°, le seigle jusqu'au 67° et l'orge jusqu'au 70° (Alph. de Candolle *Géographie botanique*, t. I, p. 395. Paris, 1855, in-8°).

A la suite du Göta Elf, s'étend du nord au sud une ligne de côtes légèrement concave. On y voit une figure de ville surmontée d'une croix et le nom de *Lunde*[1].

Cette ville est la *Lundona* d'Adam de Brême, que la piraterie avait faite si riche, au dire de cet annaliste[2]. C'est le *Lunda* des chartes et des chroniques danoises[3], le siège des primats de Scandinavie, la métropole où les rois étaient autrefois couronnés. *Lundis metropolis dacie*, suivant l'expression de l'auteur de la carte sanutine de la Bibliothèque nationale[4].

Dépouillée de ses privilèges à la suite de la Réforme, ruinée par les Suédois, Lund n'a dû qu'à son université, demeurée florissante, de conserver jusqu'à nos jours une certaine importance relative.

Skanor, récemment incendiée (1312) par les gens de Rostock et leurs alliés[5], se relevait de ses ruines au moment où Dulcert la faisait figurer sur sa carte. Giovanni da Cagrinano avait inscrit aussi ce nom dans sa mappemonde, mais, au lieu d'en faire un port de Scanie, il confondait la province et la ville et attribuait le vocable de *Scanor* à une grande île séparée par un canal étroit de la Suède ou *Suionia*. C'est sur cette terre, demeurée innommée, que la mappemonde sanutine de la Bibliothèque nationale de Paris[6] montre l'inscription plusieurs fois citée par les historiens des grandes pêches au moyen âge.

« *In hoc mari est maxima copia aletiorum.* »

« Dans cette mer, il ya une très grande abondance de harengs. »

Les pêcheries de harengs de Skanor sont souvent mentionnées dans les documents du temps[7], mais il y est plus fréquemment question encore des grandes foires qui se tenaient annuellement

(1) *Lundis* (*Conoscim.*, 33).

(2) Promontorium Sconiae, ubi est civitas *Lundona*. Aurum ibi plurimum, quod raptu congeritur piratico.

(3) Cf. K. Höhlbaum, *op. cit.* Bd. I. s. 134, 329, 330, 431, 439.

(4) Bibl. Nat. Ms. 4,939, f° 9. — J'ai réussi à déchiffrer complètement les inscriptions de cette partie de la carte sanutine de Paris, que Santarem et Lelewel n'avaient pas débrouillées. (Cf. Lelewel, *op. cit.*, t. II, p. 25.) On y lit : *Scania de regno dacie*; *lundis* (le mot coupé en deux par le signe que le cartographe donne aux villes) *metropolis dacie*; *Ysladi*, *Naria* (voy. plus haut, p. 319).

(5) Civitatenses de Rostock et aliis civitatibus Slaviae incendunt Helsingör, Amach, *Scanör* cum castro (*Continuation chronici Danorum ab anno 1308 ad annum 1357* (Langebek. *coll. cit.* T. VI, p. 520.)

(6) Bibl. Nat, Ms. Lat. n° 4939. f° 9.

(7) Cf. Sartorius. *op. cit.* Bd. II p. 12. etc.

dans cette ville et dans la petite ville voisine de Falsterbö, *Valsterbode, Falsterbode, Falsterbothe*[1], et qui attiraient les marchands de Hambourg, de Ripen, de Kiel, de Lübeck, de Wismar, de Rostock, de Demmin, de Stralsund, de Greifswald, de Stettin, d'Anklam, de Riga même (1251-1294)[2].

Aussi ai-je cru devoir admettre, avec M. Dahlgreen, le savant secrétaire de la Société de géographie de Stockholm que le mot *andine*[3] qu'on rencontre dans Dulcert après *lunda* et *scanor*, puisse se lire *nundinæ* et rappeler les fameuses *foires de Scanie*, auxquelles les chartes danoises du XIIIe et du XIVe siècle font de si fréquentes allusions[4].

Mais je ne saurais accepter que le terme suivant de la nomenclature de Dulcert, *Chiclobergis*[5] puisse désigner Trelleborg, l'ancien Drelleborch, comme le croit M. Dahlgreen.

Chiclobergis me paraît correspondre à *Cholberch* ou *Cholberg*, l'une des formes qu'on donne dans les chartes du XIIIe siècle au nom de la ville poméranienne de Kolberg[6]. Les marins de cette ville s'adonnaient particulièrement à la pêche du hareng[7] et fréquentaient par suite les parages de Skanor, où Dulcert, mal renseigné, est venu placer leur ville, au lieu de la laisser sur la rive méridionale de la Baltique.

Le cosmographe de Majorque, qui ne travaille plus dans ce coin de sa carte que sur des renseignements extrêmement indécis et mal coordonnés, inscrit bientôt après une deuxième fois sous une forme un peu différente la métropole de Scanie, *Lundes*, qu'il avait déjà mise en place et fait suivre ce nom fameux de quelques noms bien

(1) Sartorius *op. cit.* Bd. s. 95, etc.

(2) Cf. K. Höhlbaum *op. cit.* Bd. I. s. 131, 133, 226, 268, 275, 293, 319, 320, 399, etc.

(3) *Andine* (*Conoscim* p. 25.); *dondine.* (*Mus-Borb.*)

(4) ... in nundinis Sconore et Valsterhode... ad nundinas nostras in Skanor..., fundum sive locum in nundinis nostris scaniensibus (Sartorius. *op. cit.* Bd. II. s. 12, 136, 296, etc. — K. Höhlbaum *op. cit.* Bd. I. s. 133, 319, etc.)

(5) Chicobergis (*Conoscim.* p. 35) Ciclobergis (*Mus. Borb*).

(6) Ce nom est orthographié de 1243 à 1298 *Colberg, Kolberg, Colberge, Colberch, Kolberch, Cholberch* et *Cholbergh* (K. Höhlbaum, *op. cit.* Bd. I. s. 106, 111. 171, 215, 254, 323, 383, 433).

(7) On connaît notamment une charte de 1266 de Barnim Ier, duc de Poméranie, qui affranchit les bourgeois de *Cholberch* de certains droits qui pesaient sur leurs pêcheries de hareng.. *decem et octo denariorum de remo et unius masse allecium de navi* (K. Höhlbaum. Bd. I. s. 215.)

moins connus qu'il aligne assez vaguement les uns au bout des autres. Il semble qu'ayant mis en place d'une manière à peu près exacte les termes d'un premier portulan, il se croie obligé d'utiliser un second document de même ordre, bien différent toutefois et dont il cherche à tirer un parti quelconque pour garnir des rivages innommés qui lui sont complètement étrangers.

Sa seconde liste, qui recommence à *Lundes*, ne contient ni *Skamor*, ni *Andine*, ni *Chiclobergis*, mais on y lit les noms d'*Ystach*, de *Sormershans* et d'*Aoxia*.

Ystach, *Ystadi* de la mappemonde sanutine[1] est sans la moindre hésitation, le petit port d'Ystad, en Scanie. *Sormershans* correspond à l'ancien Sommershafn, appelé aujourd'hui Cimbrishamn ou Simbrishamn, un peu à l'Est de Ystad[2]. *Aoxia* représente l'ancien *Aos* ou *Ahus*, le petit port actuel d'Ahus, à l'embouchure de la rivière Helge-ân.

Le Venern de nos géographes s'appelait chez Dulcert *lacus scarsa*, à cause de la ville de Scarsa ou Scara, assise sur ses bords. Le Wettern prend de même, chez lui, le nom de la ville, récemment bâtie sur une de ses îles; *lacus Stocol*, le lac de Stockholm[3], fondée seulement à la fin du XIIIe siècle par Birger Iarl, et encore faible à l'époque où nous reporte notre mappemonde.

Kalmar est alors tout autrement important. C'est dans cette cité que va bientôt se conclure (1397) entre les trois États scandinaves le célèbre traité qui porte dans l'histoire le nom d'*Union de Kalmar*. Dans les pièces du XIIIe et du XIVe siècle, on trouve habituellement les formes *Kalmaria* ou *Kalmarnia*[4]. Le portulan publié par Langebek et Suhm nomme ce port *Kalmarne*[5]. Dulcert l'appelle *Kalman*[6].

Kalmar, ici placé à l'Est de Stockholm, est, en réalité, bien loin au Sud de cette capitale, en face de l'île d'Oland. Avec cette nouvelle et frappante *hétérotopie*, nous recommençons l'analyse d'une

(1) Voy. plus haut p. 349, 384. — Ystad (*Conoscim.* p. 35.) transformé par le graveur de la Mappemonde du *Mus. Borbonico* en *Boxosto?*

(2) Som.... dans l'atlas Catalan; Somershans (*Mus. Borb.*) Formeam (*Conoscim* p. 35).

(3) Il n'est plus question depuis bien longtemps de Biörkö.

(4) Sartorius. Bd. II. s. 143, 144, 147, 261, etc.

(5) *Navigatio ex Dania per mare Balthicum ad Estoniam* (*Script Rer. Danic. medii ævi.* T. V. p. 623).

(6) Calman (*Conoscim.* p. 15.)

troisième liste géographique, d'un troisième fragment de portulan, mis au bout des deux autres par le Majorcain et qui forme une espèce d'itinéraire d'une partie de la côte orientale de Suède. Ce portulan comprend *Kalman*, *Sudrepigel*, *riperia roderin*, *cap de Vexiom*, *fl. Vettur*, *roderin*, et enfin *flum. etham*.

Le littoral oriental de la Suède était connu, dès les temps les plus anciens, sous le nom de Roden[1]. M. Dalgreen voit, avec raison, dans ce terme géographique, l'explication des mots *riperia Roderin* inscrits après *Suderpigel*, Söderköping, le marché du Sud[2], dans la mappemonde de Dulcert[3].

Cap de vexiom, qu'on lit ensuite à l'extrémité d'une pointe de terre qui termine à l'Est la longue courbure dont nous avons parlé, correspond, suivant M. Dalgreen, à la ville de Vexiö, *Vacksior*, des documents du XIVe siècle.

Vexiö se trouve cependant bien plus au Sud, dans la province de Småland; cette ville est, en outre, située assez loin de la mer, avec laquelle elle communique, il est vrai, par un réseau d'étangs et de petites rivières[4]. On ne s'explique point en tout cas ce mot de *cap* accolé à son nom, que l'anonyme du *Museo Borbonico* a traduit *cauo* de Vexions.

Fl. vetur est la Motala, l'émissaire du grand lac Vettern, qui a déjà paru plus haut sous le nom de lac de Stockholm[5]. Quant au *flum. etham*[6] dont les eaux, descendant du Nord, tombent au fond du cul-de-sac qui termine la mer Norique, *mare noricom et Suecie*, j'en fais le Dal-elf, si renommé encore à présent par ses grandes pêcheries de saumon.

(1) Actuellement Rosladen. De ce mot on dérive, dit M. E. W. Dalgreen, celui de *Ruotsi* qui désigne la Suède en Finlandais (*comm. msle*).

(2) L'anonyme du *Conoscimiento* écrit *Surdepinche*.

(3) *Tota aquesta ribera ess apellada Roderim*, dit la mappemonde du *museo Borbonico*.

(4) C'est le port de Carlshamn, qui dessert aujourd'hui Vexiö.

(5) Entre *Vettur* et *Etham*, *Roderin* se présente de nouveau sous la forme d'une ville, dont l'image est surmontée d'une croix. J'en ferais volontiers Upsala, chef-lieu de l'Upland, auquel appartient le Rosladen, et qui fut, avant la fondation de Stockholm, la métropole de la Suède. « Una grand çibdat qui dizen muy rica et muy poblada » dit de Roderin le *Conoscimiento* (p. 33.) L'anonyme prétend s'y être embarqué pour Gothland (p. 34) ! L'auteur de la mappemonde du *Museo Borbonico* a ajouté après *flum. vectur*, *offlondena* qui est peut-être une déformation du mot *Finlande*.

(6) *Flum etam* (Mus. Borb.), *fl. echan*. (Conosc. p. 13.)

Deux inscriptions d'une certaine longueur complètent la nomenclature des parages septentrionaux. L'une a trait à la Gothie, et se montre très difficilement lisible dans son ensemble. On voit seulement qu'il est surtout question de la force des habitants; le reste est inintelligible[1].

L'autre est celle de l'Europe dont elle fixe les limites. EUROPA, *incipit ad tanay... finit in galicia ad partes occidentis.* Le Tanaïs est depuis longtemps considéré comme la limite orientale de l'Europe, au moment où Dulcert dessine son œuvre. Je rappellerai seulement les deux textes dans lesquels Rubruk[2] avait consacré cette division[3].

En face de la *riparia roderin* et du *càp de Verionı* sont troi îles, deux petites et une grande. Les deux petites sont appelées *liter* et *colad*[4]; celle-ci correspond sans aucun doute à l'île d'Oland. Celle-là semble se retrouver dans l'îlôt appelé Loet, sur la bande orientale d'Oland.

La grande île est *Gotilandia*, Gothland avec sa capitale, *Visbi*[5]. Elle porte une inscription que je déchiffre ainsi : *in[sul]a de got[il]andia, ipsa habet [n]onaginta parochia[s]. Visbi.* Les quatre-vingt-dix paroisses de Gothland sont plusieurs fois célébrées dans les monuments géographiques du temps : Wisby avait alors atteint le plus haut degré de prospérité[6].

(1) L'auteur de la mappemonde de Naples inscrit à cette place suivant la copie de Rodini « *provincia distaquia e de gotia hou ha gents meyas de coll q̃ lo cap se ten ab lespalles esson grans casadors et cassen ab grifalls.* »

(2) Usque Tanaym qui est terminus Asie et Europe (Guillaume de Rubruck *Mém. Soc. de Géog.* T. IV p. 246)... pervenimus ad fluvium magnum Tanaim, qui dividit Asiam ab Europa, sicut fluvius Egypti Asiam ab Africa (Id. *ibid*, p. 249.)

(3) L'auteur du *Conoscimiento* tombe ici dans une erreur, qui suffirait à elle seule à démontrer que les voyages qu'il raconte sont de ceux que tout le monde pouvait faire du bout du doigt sur une carte dessinée comme la nôtre. Quittant la Pologne, il prend la mer et arrive.. *en Europe.* « Torneme par la otra maritima deste mar de Alemana a la parte de la trasmontana que dizen la tierra de Europa (p. 14) » c'est-à-dire qu'il déclare avoir visité une contrée du nord particulièrement désignée sous le nom d'Europe qui n'est autre que le bord nord de la carte, où suivant la coutume, le cosmographe a inscrit le nom de cette partie du monde.

(4) *Lister* et *colant* (Mus. Borb) ; *lister e cola* (*Conoscim* p. 17).

(5) *Civitas Wisburensis* (Sartorius, *op. cit.* Bd. II. s. 116, *Wisbu, Wysby in Gotlendia* (*Ibid.* p. 153, 189) — *Bisui* (*Conoscim.* p. 15.)

(6) P. Riant. *Expéditions et pèlerinages des Scandinaves en Terre Sainte au temps des Croisades.* Paris 1865 in-8° p. 64.

« Placée, dit Riant, à égale distance des côtes scandinaves et slaves et en dehors des guerres civiles ou religieuses qui les ensanglantèrent pendant tout le moyen âge, défendue contre les pirates par ses hautes et dangereuses falaises, Gotland, « l'œil de la Baltique » *Eystrasalts auge*, était habitée par une population gothique, ayant dès lors sa langue et ses mœurs particulières et indépendante des souverains limitrophes du continent. Sous le régime libre et hospitalier des lois gotlandaises, le commerce chassé par les Slaves païens des antiques cités de la Poméranie, s'était concentré dès le XIe siècle dans la ville de Visby, située sur la côte occidentale de l'île. »

C'était l'entrepôt des marchandises de l'Orient dont nous allons suivre la route par Novgorod et Kiew jusqu'à la mer Noire. Les Gotlandais (*Gutenses*)[1] entretenaient des relations suivies avec les contrées les plus méridionales de la Russie, où une tradition nationale plaçait le siège d'une colonie émigrée de leur île au IXe siècle, tandis que de nombreux vaisseaux allaient et venaient entre Wisby et les principaux ports de Suède et de Danemark.

VI

Rossia ou *Rutenia*[2]. — Plus nos géographes s'enfoncent dans les profondeurs de la Baltique, presque inconnue alors des navigateurs du midi[3], plus ils aggravent leurs erreurs. L'île d'Oesel, *Oxilia*[4], marque l'extrême limite des renseignements exacts qu'ils possèdent. Ils ignorent complètement l'existence du golfe de Both-

(1) Sartorius, *op. cit.* p. 5.

(2) Rutenia dans Dulcert, qui ajoute que partie de ce pays est appelée Galatie, *Galacia* et saisit l'occasion que lui fournit ce mot, pour rappeler l'épître aux Galates de l'apôtre St-Paul.

(3) Nous venons de voir qu'elle était, au contraire, assez bien connue des navigateurs du Nord. Le portulan de 1270, déjà cité dans les pages qui précèdent s'étend en effet, jusqu'à l'île de Portkaland (*Purkal*) sur la côte de Nyland, Finlande, et jusqu'à Revel (*Revelburgh*) en Livonie. Le golfe de Finlande, inconnu des Catalans, est nommé dans ce document *mare estonum* (*Navigatio ex Dania per mare Balticum ad Estoniam* (*Script Rer, Danic. medii Ævi.* Ed. J. Langebek et P. Fr. Suhm. T. V., p. 622, 624.)

(4) Il est parfois question de l'évêque d'Oesel, *episcopus Osilus* ou *Osilensis*, dans les documents recueillis par Dreyer, Sartorius et Langebek (Cf. G. F. Sartorius. *Urkundliche Geschichte der Ursprunges des Deutschen Hanse*, erhausgegeben von J. M. Lappenberg. Bd. II. s, 73. — Cf. Langebek. *op. cit.* T. V. p. 502, etc.)

nie et remplacent le golfe de Finlande par un fleuve nommé *Nu*, dont le large cours déverse dans la mer Norique une partie des eaux d'un grand lac marécageux, de forme ovale, d'où sortent en même temps vers le Nord-Est et le Sud-Est deux autres fleuves beaucoup plus importants dont nous étudierons le parcours un peu plus loin.

Sur la rive du fleuve, plus près du lac d'où il s'échappe que de la mer où il se jette, est dessinée une grande ville[1] surmontée d'un pavillon, et auprès de laquelle on lit *Nogorade*[2].

Or on sait que Novogorod, la ville de Rurik[3], est bâtie sur la rive gauche du Volkhov, près de la pointe nord du lac Ilmen. Notre fleuve *Nu* est donc en partie le Volkof ou Moutniy, qui fait communiquer avec le lac Ladoga, anciennement nommé Nevo, le bassin marécageux de l'Ilmen ; mais il correspond aussi (puisque les cartographes le prolongent jusqu'à la mer) au fleuve Néva, qui verse à la Baltique les eaux du Ladoga.

Le *Nu* est donc en somme, d'une manière très générale, pour Dulcert et son école, l'artère fluviale qui de Novogorod débouche à la mer et par laquelle circulait (je l'ai déjà dit) au commencement du moyen-âge une partie du commerce des pays du Nord.

C'est plus exactement, dans le traité conclu par Mistislav Davidowitch, duc de Smolensk, avec la ville de Riga et les marchands de Gothland en 1229, la portion de cette voie commerciale qui correspond au cours de la Néva des géographes modernes. « *Cum autem mercatores*, dit le texte de ce traité, *venunt in aquam, que dicitur* Nv, *fruentur libertate quam ab antiquo in omnibus habuerunt*[4]. Les autres localités du parcours, désignées dans le traité, sont

(1) « El grand lago de tanay, écrit l'auteur du *Conoscimiento*, es en luengo tres jornadas et en ancho dos, nascen dende tres rios muy grandes el vno dizen tanay que entra en el mar mayor apres de la ciudad de tana. Al otro rio dizen tir et va se contra las terras del albir zibi por tierras deshabitadas. Al otro dizen nu et va contra el poniente et mete se en el mar de alemana apres de vna ciudad que dizen virona de que ya conte de suso, con este rio nu confina una grand provincia que dizen Siecia et es tierra muy fria. » (*Conosc.* p. 111-112). Cette ville de Virona en Scythie est Viro, Wesenberg, en Esthonie.

(2) Nogarado,. cabeça del reynado (*Conoscimiento*, p. 112).

(3) (Rurik) s'avança jusqu'à l'Ilmen, fortifia une petite ville sur le Volkhov et l'appela Novogorod ; Il s'y établit comme prince et partagea entre ses compagnons les terres et les villes (*Chronique dite de Nestor*, traduite sur le texte slavon - russe, avec introduction et commentaire critique par Louis Léger (*Publications de l'école des Langues orientales vivantes* 2e Sér. T. XIII. 1884, p. 15).

(4) G. F. Sartorius, *op. cit.* Bd II. s. 34. — On trouve dans le même volume

Engera, l'Ingrie habitée par les *Engeri*, Ingriens, que le *Nü* sépare des *Careli*, Caréliens; *Aldagen*, le Ladoga, *Wolcowe*, le Volkhov, enfin *Nogardia*, Novogorod. Il n'y est pas question du lac d'où sort le Volkhov et auquel nos cartographes assignent le nom d'*Edill*. *Aquel estayn est appellat Edill*[1]. C'est l'Ilmen, ou mieux c'est le réseau de lacs et d'étangs qui couvre toute cette portion du pays désignée souvent par les Russes sous l'appellation de *région des sources*.

Le nom d'Edill que donnent à cet ensemble nos vieux cartographes est presque identique à celui que porte alors la Volga. Etilia, Athil et nos Catalans, grâce à cette confusion, attribuent au lac, l'étrange faune ichthyologique que nourrit la *mère des eaux*.

En loqual se nodrexen lostorions[2] *ed altres pexes molt estranies*, dit l'anonyme de 1375.

La route se continuait plus loin par la Lovot, affluent de l'Ilmen, et le Dnieper jusqu'à la mer Noire et à Constantinople[3].

Elle est figurée, sur nos cartes, par un cours d'eau, dit *flumen Lusom* ou *Lussom*, qui sort d'un massif montagneux, *montes Rossie*, *munt Lusson de Rossia*, située au S.-E. et près du lac Edill, pour descendre perpendiculairement à la mer Noire.

Ce fleuve Lusom ou Lussom n'est autre que le Dniéper[4] déjà désigné sous le nom d'Usom dans Aboulféda. Deux villes sont dessinées au voisinage du fleuve[5]. Il n'est pas trop malaisé de recon-

(p. 231) une autre pièce de 1303 où il est question de navigation « *versus Nyn ad Nogardiam*. »

(1) Id. *ibid*, s. 35, 37.

(2) *Hic sunt sturioni*, Dulcert.

(3) Cette voie fort ancienne est ainsi décrite dans son ensemble par la chronique dite de Nestor (trad. Léger. p. 4, 5.) « Du temps ou les Pollanes vivaient isolés dans leurs montagnes, il y avait une route qui allait du pays des Varègues en Grèce et du pays des Grecs chez les Varègues, le long du Dnieper; et au dessus du Dnieper il y avait un portage pour les bateaux jusqu'à la Lovot; par la Lovot on entrait dans le grand lac Ilmen. De ce lac sort le Volkhov que tombe dans le grand lac Nevo d'où il coule dans la mer des Varègues. » Cette route est l'*Austrvegr*, le chemin de l'Orient ou *Væringavegr*, chemin des Varègues, dont il est fait mention dans les plus ancien poèmes du Nord (Cf. P. Riant *Expéditions et pélerinages des Scandinaves en Terre Sainte au temps des Croisades* p. 63.)

(4) Dans la mappemonde des Pizzigani il porte les noms de *Brançica* (fleuve de Briansk) vers la source et d'*Erese* vers l'embouchure. Les montagnes dont on le fait sortir n'ont pas de nom chez les Italiens. Ce sont les « prétendues Kokaïa » dont parle Lelewel à propos d'Edrisi et qui, dit-il en son jargon « coloriaient l'ignorance par ses cimes blanches » (T. III, p. 192)

(5) Les Pizzigani en ajoutent une troisième *Jercasulef*, qui est peut-être Krylov.

naître dans la première, *Branchicha* (Atlas catalan) ou *Brancica*, (Pizzigani, 1367) la ville commerçante de Briansk ou Bransk[1] et dans la seconde *Chiva* (Dulcert), la métropole de saint Wladimir, Kiev, appelée *Cuiewa* par Thietmar[2] et *Chiue* par Adam de Brême[3].

Briansk est, il est vrai, située sur la Desna, affluent de gauche du Dniéper, au bord duquel nos cartographes la font pourtant asseoir; le vieux Kiev, par contre, s'élève sur les collines qui dominent la rive droite du fleuve, tandis que toutes nos mappemondes le placent à une certaine distance dans la direction de l'ouest.

Mais il n'y a pas lieu de s'étonner de semblables incorrections. Les Hanséates, par l'intermédiaire desquels nos Catalans recevaient, principalement à Bruges, les renseignements qu'ils consignaient dans les cartes que nous étudions ici ne dépassaient guère Novogorod, qu'ils désignaient sous les noms de *Nougarden*, *Nogarden* ou *Nogarten*, *Nougardia* ou *Noyardia*[4]. C'était dans un quartier spécial de cette ville, où les Hanséates avaient acquis au XIIIe siècle des comptoirs fort importants, que se concentraient les opérations commerciales traitées avec les indigènes, Moscovites, Tartares, etc. Ces négociants venus de toute l'Allemagne[5], pénétraient peu au cœur pays, sur la géographie duquel ils ne pouvaient fournir, à leur retour, que des renseignements fort succincts, et souvent fort inexacts. Nous savons cependant qu'ils se risquaient parfois jusque sur le Dniéper, *in aquas que Use vocantur*[6], pour gagner Smolensk. Ils

(1) Les marchands de Briansk sont encore aujourd'hui, en beaucoup de cas, les intermédiaires entre Moscou et les districts du midi de la Russie.

(2) Pertz, *Monumenta Historiæ Germanica. Script* T. III, p. 859- Thietmar emploie les formes *Cuiewa* et *Kitava* (p. 870) pour cette capitale dont il célèbre l'importance « *In magna hac civitate que istius regni caput est, plus quam quadringenta habentur eclesiæ et mercatus octo* (p. 871). Constantin Porphyrogénète l'appelle Κιοάβα ou Κιαβον (*De administr. imp.*) Gallus écrit *Chyou* (Bielowski *Monument.* p. 402.)

(3) Adam de Brême en 1072 la qualifiait de *rivale de Constantinople*.

(4) Sartorius, *op. cit.* Bd. II, s. 156, 161, 163, 221, 265, etc.

(5) « Iste sunt ciuitatesque solent et tenentur appellare a curia Nogarden, ad ciuitatem Lubicensem. Colonia (Cologne), Tremonia (Trèves?), Padeburnen (Paderburn), Minda (Minden), Lymego (Lemgo), Lippia (Lippstadt), Heruordia (Herworden), Huxaria (Höxter), Magdeborgh (Magdebourg), Hallis (Halle), Brunswich (Brunswick), Goslaria (Goslar), Hildensem (Hildesheim), Honouero (Hanôvre), Luneburgh (Lunebourg), Stralessund (Stralsund), Wismaria (Wismar), Kylo (Kiel), Stadium (Stettin), Riga (Riga), Dantzege (Danzig), Elbinghe (Elbing). » (Sartorius, Bd. II, s. 184).

(6) Voir ce que nous avons dit plus haut du *flumen Lusom*.

remontaient aussi de Riga vers cette ville par la Dwina et Poloszk (*Poloco*), l'Orszank (*aqua dicta Saac*) et le Dniéper. Ils pouvaient enfin emprunter la route de terre par Narva (*Ter Naerwe*) ou par Pskov (*Pleskau*) dont l'itinéraire de Bruges nous a conservé les détails [1]. Mais ces divers chemins n'étaient pas toujours sûrs et ce sont encore cette fois les pertes éprouvées par les marchands teutoniques pendant leurs voyages, qui nous en révèlent l'existence au XIIIe et au XIVe siècles. En 1228, en 1292 et en 1335, leurs expéditions commerciales à l'intérieur furent particulièrement malheureuses [2].

Une seconde route fluviale, reconnue sommairement au XIVe siècle, à travers les territoires russes est celle du Don ou Tanaïs; les géographes catalans connaissent la direction générale de ce fleuve, mais le font sortir du grand lac qui a déjà donné naissance au Nil. Il porte les noms de *flumen Tanay* [3]; c'est nous l'avons dit, la limite orientale de l'Europe au moyen âge, *Europa incipit ad flumen Tanay*.

Des deux côtés de ses rives s'élèvent les villes de *Rostaov*, de *Rasanpaflao*, de *Baltachinta*. *Rostaov* est Rostov, que notre cartographe a singulièrement déplacée vers le sud, en la ramenant, des bords du petit lac Néro, dans le bassin du Don. Rostov, où Rurik établit un de ses compagnons vers 862 [4] est la plus ancienne ville du nord-est de la Russie. C'était le chef-lieu d'une principauté importante qui comprenait le gouvernement actuel de Iaroslaw et une partie de ceux de Vladimir, de Novogorod et de Vologda.

Rasanpaflao [5] est Pereyaslaw Rasanskiy [6]. Cette ancienne ville,

(1) *De ryge usque grote halborde in ruchia et ultra usque moskau.* (Lelewel. *Itinéraire brugeois de la fin du XIVe siècle.* (*Géographie du moyen âge. Épilogue*, p. 286. Bruxelles, 1857, in-8°.)

(2) Cf. Sartorius, *op. cit.* Bd. II, s. 156-163. — Notum sit omnibus hanc cedulam visuris vel audituris quod hec dampna facta sunt Theutonicis mercatoribus inter nogardiam et plescowiam, cum bonis eundo et redeundo... Les noms de lieux mentionnés dans la suite de la pièce sont : *Pulcrum opus* (Schoneswerk), Use (Lussom, Dnieper, fl.), Sace (Orszank, rivière), Poloco (Poloszk), Narwia (Narva), Wolchouve (Volkhov, rivière). Les noms de peuples sont : Plescowenses (les gens de Pleskov), Nogardenses (ceux de Novogorod), Letwini (les Lithuaniens), Rutheni (les Russes).

(3) Ille fluuius est terminus orientalis Ruscie, et oritur de paludibus meotidis, que pertingunt usque ad Occeanum ad aquilonem. (Rubruck, *ed. cit.* p. 250.)

(4) *Chronique dite de Nestor*, trad. cit. p. 15. — Cf. p. 191.

(5) Rausian plaflio (Pizzigani, 1367).

(6) L. Léger, *loc. cit.*, p. 361.

dont il est fait deux fois mention dans la Chronique dite de Nestor[1] fut détruite par Baty-Khan en 1237[2]. Aussi dans l'Atlas catalan de 1375 le nom de Rasanpaflao, queconnaissait encore Dulcerten 1339, se trouve-t-il remplacé par celui de *Perum*, Mouroum[3], chef-lieu d'une principauté réunie à celle de Moscou en 1262, et lieu de naissance du héros légendaire Ilia Mouromets[4]. C'était le grand marché des anciens Bulgares de la Volga qui venaient, chaque été, échanger leurs denrées contre les articles de négoce importés par les marchands slaves ou grecs[5].

Baliachinta (1339), *Baltachinta* (1375) répond peut-être à Balta déplacée. Enfin *Moscaor* est Moskov, comme *Rostaor* est Rostov.

Il me reste, pour en avoir fini avec la Russie, à dire quelques mots du troisième fleuve, issu du lac Edill, c'est la Volga, l'Athil, l'*Etilia* de Guillaume de Rubruck[6] que les géographes catalans appellent *flumen Tyrus*. La source de ce grand fleuve se trouve, comme l'on sait, à une assez faible distance au S.-E. du groupe de lacs, dont l'Ilmen est le plus important et à l'une des extrémités de la *région des Sources*, dont nous parlions plus haut. Dulcert fait sortir son fleuve du lac Ilmen, après l'avoir légèrement infléchi vers le nord-est, le conduit, par une suite d'ondulations parallèles à celles du *Tanay*, à un confluent où il reçoit les ondes d'un autre autre cours d'eau, la Kostroma, descendant symétriquement de

(1) *Chronique dite de Nestor*, p. 103, 200.

(2) Riazan s'est plus tard relevée de ses ruines; c'est même aujourd'hui un centre commercial assez actif.

(3) *Chronique dite de Nestor*, trad. cit., p. 100, 175, 192, 197.

(4) Rambaud. *La Russie épique*, Paris. Maisonneuve, 1878. — L. Léger, *loc. cit.*, p. 338. — Mouroum doit son nom aux Mourouma, qui vivaient au IXe siècle dans cette partie de la vallée de l'Oka.

(5) L'auteur du *Conoscimiento* qui écrivait, nous l'avons montré, en suivant une carte, ses voyages fictifs, a énuméré toutes ensemble les villes des deux bassins du *Tanay* (Don) et du *Tirus* (Volga); *Baltachinca*, *Escleurza*, qui est la Sclaviza de Dulcert, *Tifer* (Tver) *Coranchi*, notre Torachi (Torlok) (p. 109).

(6) « Etilia, que est major fluvius quam unquam viderim, et venit ab aquilone, de majori Bulgaria tendens ad meridiem, et cadit in quemdam lacum habentem spatium IIIJ[or] mensium in circuitu de quo postea dicam vobis. Ista ergo duo flumina Tanays et Etilia, versus regiones aquilonis per quas transivimus, non distant ab invicem nisi X. dietis : sed ad meridiem multum dividuntur ab invicem. Tanays enim descendit in mare Ponti. Etilia facit predictum mare, sive lacum, cum aliis multis fluminibus que cadunt in illum de Perside. (Rubruck, *éd. cit.*, p. 252.)

l'angle N.-E. de la carte. Les deux courants réunis, la Volga n'a plus qu'à gagner droit au sud, en suivant un méridien, le fond de la Caspienne.

Notre cosmographe connaît dans ces parages *Toraki*, Torjok, « le Marché » situé sur la Tvertza et qui était déjà depuis longtemps un grand entrepôt de commerce. *Tifer*, Tver, au confluent de la Tvertza et de la Volga, resté le port principal du haut fleuve[1], *Sclaviza*, dont je ne retrouve point l'emplacement, *Castrama*[2], Kostroma, fondée en 1152 au confluent de la rivière du même nom, par le prince Georges Dolgorouki. *Zizara*, Sizran, lieu de passage très fréquenté à l'embouchure de la rivière du même nom; *Zara* enfin, Saraï (Selitrennoje, puis Tzarov[3],) établie par Batou, Khan des Tartares, sur l'Aktouba, bras oriental du delta de la Volga, à 90 kilomètres de la ville actuelle d'Astrakhan.

Cette capitale du Kiptchak, aussi bien que les villes de *Castrama*, *Baltachinta*, *Perum*, *Rasanpaflao*, *Moscaor*, *Granchicha*, et enfin *Nogorade*[4], porte l'étendard de la horde d'or[5].

La domination directe des Khans tartares s'étendait en effet jusqu'au Dniester et les princes de Riazan, de Vladimir, de Novogorod etc., reconnaissaient leur suzeraineté.

En 1339, au moment où se terminait la mappemonde de Dulcert, Ivan Ier Danielowich, surnommé Kalita, accomplissait la douzième année de son règne à Moscou, où la bienveillance d'Usbeck-Khan l'avait institué *grand prince* et Dulcert, exactement renseigné sur les liens de vassalité du souverain de la jeune capitale, arborait sur *Moscaor* le drapeau de Kiptchak.

Astachia. — Le littoral russe de la Baltique a souvent, dans les documents cartographiques du XIVe siècle, les noms d'*Astachia* (Dulc.), *Astechia* (Pizz.)[6], qui paraissent n'être qu'une déformation

(1) Cf. E. Reclus. *Nouvelle Géographie Universelle*, t. V, p. 708, 1880.

(2) « *Casoramu*, dit l'auteur du *Conoscimiento* (p. 110)..., Cabeça del reyno de sabur E esto reyno es todo cercado de los dos rios que dizen flumen tyr et el flumen tanay. »

(3) Cf., W. Heyd. *trad. cit.*, t. II, p. 227-228.

(4) Cette dernière ville a toutefois dans le *Conoscimiento* son étendard spécial : « *vu pendon roxo con un castillo blanco* (*loc. cit.* p. et fig. XCI).

(5) Cf. Hammer. *Geschichte der goldenen Horde.*

(6) Nous avons déjà vu plus haut que l'auteur anonyme de la mappemonde catalane de Naples reporte ce nom plus à l'Ouest sous la forme *Staquia*.

de celui de *Scythia* qu'on lit à la même place dans la mappemonde anglo-saxonne du xe siècle[1].

Les Grecs du Bas Empire donnaient volontiers le nom de Scythes à une partie des peuples du Nord-Est sans s'inquiéter de leur véritable nationalité. C'est ainsi que le continuateur de Constantin Porphyrogénète, Cedrenus, Zonaras ont appelé les Russes ἔθνος σκυτικόν[2]. Jusqu'à la fin du xve siècle, la Baltique s'est appelée *Scythique*[3] chez certains chroniqueurs.

L'*Astachia* des premières cartes catalanes n'avait que deux noms de villes. *Unguardia*[4] ou plutôt *Nugardia*, faisant double emploi avec celui de *Nogardia*, Novogorod, inscrit déjà sur le bord du fleuve Nu, et *Riga* demeuré sans changement, le nom de la capitale de la Livonie[5]. La carte sanutine de Bruxelles et la catalane du *Museo Borbonico* portent dans ces parages le nom de *Varlant*, *Vuarlant*, Wirlant, Wesenberg, Viro des Esthoniens, que nous rencontrons sous la forme *Wironia* dans la charte de 1278, déjà citée plus haut à propos de Revel[6].

Polonia. — *Polonia* est au sud d'*Astachia*. La Pologne a pour capitale *ciuita de leo*, la cité de Lwow, Leopol, fondée en 1259 par le duc ruthène de Halicz, Lwo ou Leo, fils de Daniel.

C'est, sur la mappemonde de Dulcert, une grande cité, surmontée

(1) Cf. *Magasin Pittoresque*, t. VIII, p. 208, 1840.

(2) Cf. *Chronique dite de Nestor*, trad. cit., p, 8, 9 et 367.

(3) Mare... barbarum sive scythicum. (*Incerti auctoris Chronica Slavica*, ap. Lindenbrog *Script. Rer. German Septentr.*, Hamburgi, 1706, in-f°, p. 189. Etc.)

(4) Ungradia (*Conoscimiento*,). — Les sagas lui donnent encore le nom de Holmgard, et M. L.-S. Borring essaie d'expliquer cette déformation, en supposant que c'est « à cause des fleuves, des lacs et des marais » dont le pays de Novogorod est entouré, et qui le font ressembler à une île « *holmr* en langue du Nord ». (M. L.-S. Borring. *Knud Lavard, narration historique d'après la Saga de Knytlinga* (*Mém. Soc. des Antiq. du Nord*, 1836-39, p. 201)

M. Dahlgren suppose que cette ville d'Ungardia pourrait être Reval. Une carte ancienne, trouvée à Varsovie par M. de Nordenskjöld et dont on ne nous donne pas la date, porte les mots *Vngardia reualea ciuitas* que M. Dahlgren propose de traduire *Reval, le port de Novgorod*. *Vngardia* et *Reualea ciuitas* me semblent ici former deux inscriptions distinctes. On trouve *Nogardia* seule, au fond de la Baltique, dans la carte de Giovanni da Carignano.

(5) *Ryga*, *Riga* dans les chartes (Sartorius, *op. cit.*, Bd. II, p. 28, 111, 189, 197, etc.); *la Rigue* dans la charte de Philippe le Bel.

(6) Symon miles dictus de Oberch, capitaneus illustris regis Daccie per *Revaliam* et *Wironiam*. (Sartorius, *op. cit.*, Bd. II, s. 109.)

d'une croix et d'un large étendard où se dessine une ancre de vaisseau[1].

On lit au-dessous de la figure qui représente *leo* la curieuse inscription suivante : †

« *Ad ciuitatem istam veniunt mercatores com | species et postea vadunt per mare gothilandie | ad partes frandres specialiter in bruges*, inscription que l'anonyme de 1375 interprète ainsi en catalan : *en esta ciutat venan alcuns merchaders, losqual venan ves las partides de Levant per esta mar de Lamenya en Flandes.*

La route qui reliait ainsi le Levant à la Baltique par Léopol[2] devait suivre habituellement le cours du Dniester[3]. Toutefois, à en juger par nos cartes une autre voie détournée semble avoir relié la Pologne à la mer Noire : la Teiss.

De Lemberg on descendait à la mer de Gothland, c'est-à-dire à la Baltique, par la Vistule, que l'on atteignait à Sandomir (*Sandamitio*, Dulcert; *Sadonua*, Pizz.; *Sudamera*, Atl. Cat.). Nous reviendrons plus loin sur cet itinéraire.

Les autres noms de lieux inscrits en Pologne par Dulcert sont : *ciuitas polonia, ciuitas cracouia* et *ciuitas sca maria*; à chacun de ces mots correspond une large image de ville surmontée d'une ou de plusieurs croix.

La première de ces villes est appelée *Pollonia* par l'anonyme de 1375. C'est la *Pollonia* de la carte catalane de Naples. Polaniecz[4], à mi-chemin de Sandomir et de Cracovie.

La *Ciuitas Cracovia*, de Dulcert, figurait déjà dans Sanuto et dans Carignano. Cette ville, l'ancienne capitale de la Pologne, est doublée dans l'atlas catalan sous les formes *Cracovie* et *Cracovia*. L'une des deux images qui lui sont consacrées est surmontée de l'étendard vert orné d'une ancre rouge que nous avons déjà vu planté sur les remparts de la *ciuita de leo*.

Je ne sais que faire de la cité de Sainte-Marie, que Dulcert, et

(1) Les pattes très épaisses et la croix relativement petite qui les surmonte feraient douter de cette détermination, si l'on n'avait sous les yeux les figures tout à fait décisives de l'Atlas catalan, de la mappemonde de Naples, etc.

(2) M. Heyd admet que l'on débarquait à Akkerman et remontait à Lemberg par Suczawa, ce qui me paraît compliquer inutilement la route très directe qu'offrait le fleuve Dniester, à des barques de faible tonnage.

(3) Il est question de cette route par Leopol (*lo Leo*) Lemberg (*Leynburk*) dans divers textes du XIVe siècle mentionnés par M. W. Heyd (*Histoire du Commerce du Levant au Moyen-Age*, trad. F. Raynaud, t. II, p. 193 et 730-731.)

(4) J. Lelewel, *op. cit.* T. II. p. 65.

d'après lui, les autres catalans, placent entre Cracovie et Sandomir, Polaniecz et Léopol. Faut-il admettre, avec Lelewel, qu'il s'agisse d'une localité du bassin du Danube[1], reportée trop au Nord comme Ulm et Ratisbonne, que l'on trouve à côté sous les noms de *Ulms* et de *Ratisbona*, ou encore comme *sco vito*, Saint-Veit[2], figuré par le même cartographe non loin de *Cracovie*?

Litefania, Kareland. — Dulcert a dessiné, à la suite de Riga, le long de la concavité du rivage baltique deux images de villes, accompagnées des mots *Litefania* et *Kareland* et de cette petite phrase : *Iste ambe sunt paganorum*[3].

Le premier de ces noms ne peut donner prise à aucun doute; *Litefania* est la Lithuanie, le pays des *Litva* ou *Letwini*, dont il a déjà été fait mention plus haut[4]. Le second, *Kareland* ou *Karelant* me paraît correspondre à la Courlande[5], placée à l'Ouest de la Lithuanie par nos cosmographes qui font ainsi correctement descendre jusqu'à la mer, entre Riga et le duché de Courlande, la Lithuanie, à laquelle se rattachaient, en effet, les *Jemgala* de l'Aa et de la Duna, dont parle Nestor, devenus plus tard les *Semigallia*.

Les Lithuaniens étaient encore païens, comme le font remarquer Sanuto, Dulcert, etc. Leur chef Mendog ou Mindove avait bien accepté le baptême et le titre de roi du pape Innocent IV, mais se repentant de cette abjuration, il avait plus tard rejeté tout à la fois le christianisme et la suprématie des chevaliers porte-glaive, auxquels la Courlande seule avait dû rester soumise. C'est seulement sous Iaghiel ou Jagellon, converti en 1386, à la religion chrétienne, que le paganisme commença à disparaître de la Lithuanie,

(1) Sainte Marie, vis-à-vis de Presbourg (Id. *ibid*, p. 65).

(2) Saint Veit, vis à vis de Vienne (Id. *ibid*. p. 65.)

(3) On trouve à la même place dans l'Atlas Catalan *Litefanie pagani*, *Karelant pagani*, avec deux images de villes séparées par une embouchure de fleuve. C'est le *flumen asmalicis* qui sépare sur la carte de l'anonyme du *Museo Borbonico* le *Cast° litefanie paganorum* du *cast° carelant paganorum*. C'est peut-être l'Aa de Mittau, l'Aa Courlandaise. L'auteur du *Conoscimiento* se borne à mentionner *Litefama* et *Calalant, dos grandes cibdades que son entre el mar mayor e el mar de alemana* (p. 12).

(4) Voir plus haut, p. 393.

(5) Il ne peut-être ici question des Caréliens, comme l'a pensé Lelewel (II. 65). On a vu, en effet, par les textes relatifs au fleuve Nû (p. 000) que les Kareliens ne dépassaient pas ce cours d'eau, dont les Ingriens occupaient dès lors la rive Sud.

où certains cantons ont pourtant conservé très tard bien des vestiges des anciens cultes[1].

Les Courlandais, quoique conquis par les chevaliers teutoniques au XIIIe siècle, étaient, eux aussi, demeurés en partie païens au XIVe.

Ces indigènes sont appelés par les premiers historiens du Nord *Chori*, *Kuri* ou *Curetes*, et leur pays est désigné sous les noms de *Kurtlands* et de *Curlandia*. Rimbert, Adam de Brême, Saxo Grammaticus, les *Sagas Orwar*, *Oddi* et *Knytlirga*, le cadastre de Waldemar II contiennent sur la contrée et sur ses habitants au moyen âge des renseignements relativement précis[2].

Notre cartographe se borne aux indications sommaires que nous avons transcrites. S'il ne connaît rien des formes alternativement concaves et convexes de la péninsule courlandaise, il sait du moins que cette terre n'est pas une île, ainsi que l'avaient cru longtemps ses prédécesseurs.

VII

Germania, *Allamania*. — Quelque suivies qu'aient été dès la fin du XIIIe siècle[3] les relations entre les marchands et les marins ibériques et allemands, les villes hanséatiques n'étaient pas encore toutes connues des géographes de la péninsule en 1339.

Dulcert en énumère toutefois une douzaine, le long du littoral allemand de la Baltique. Ces villes inscrites sur sa mappemonde, sont de l'est à l'ouest *Turon*, *Neria*, *Godansee*, *Elbingana*, *Scorpe*, *Allech*, *Stetin*, *Grisualdis*, *Lundis magne*, *Roystock*, *Usmaria*, *Lubeck*[4].

Turon, *Turun*, *Thorun*, *Thorn* des chartes du XIIIe siècle[5], *Toro-*

(1) Schafarik. *Slavische Alterthümer* Bd I. s. 445. (trad. fr. in. *Ann. des Voyages*. Déc. 1852. p. 210).

(2) Langebek et Suhm., *coll. cit.* T. VII p. 543 et 620, etc.

(3) Voir plus haut, p. 346.

(4) « Parti del Reino de Dacia, dit l'auteur du *Conoscimiento* (*loc. cit.* p. 30) et torneme para alemana a una cibdat que dizen *Lubec* que es en el ducado de *Xaxonia* et dende a *Rosgol* et a *Bondismague* que son çibdades de Alemana la alta et dende a una çibdat que dizen Grisualdiz que es rribera de un grand lago de aqua que dizen *Alechon* et paselo et fue a vna çibdat que dizen *Coreurio* et dende a la cibdat de *escorpe* et dend a otra que dizen *Dançicha* et por esta *Dançicha* pasa vn grand rio que dizen *Turonie* que sale de las Sierras de Boemia et metase en el mar de Alemana. « On voit par l'étude de ce texte que l'auteur continue à fournir des preuves contre lui, en transformant par exemple sa ville de Thorn en une rivière de *Turonie*.

(5) Cf. Sartorius, *op. cit.* Bd. II. s. 46. — K. Hohlbaum, *op. cit.* Bd. I. s. 87, 105, 112, u. s. w.

num de Sanuto, *Torron* de Carignano est la ville actuelle de Thorn, située sur la Vistule à une assez grande distance de la mer et que Dulcert dessine au bord même de la Baltique, et bien à l'ouest de son *flumen Vandalorum*.

Neria vient ensuite au débouché d'un lac de même nom, *lacus Neria*, où il faut retrouver la Frisch Nehrung des cartes modernes.

Godansee, *Ungedasa* de Carignano, est Gdansk, Dantzig, Dantzege des chartes[1]; *Elbingana*. *Elbingho* des chartes, *Elbange* de Carignano, *Evilgue* de Philippe le Bel, Elbing, déplacée vers l'ouest mais néanmoins facile à reconnaître. *Scorpe* correspond à Stolpe sur la rivière du même nom, trop reportée aussi du côté de l'occident[2]. *Allech* enfin semble bien, ainsi que Lelewel le suppose[3], le village de Hela, bâti à l'extrémité de la Putziger Nehrung, qui limite au N.-O. la baie de Putzig, désignée par Dulcert sous le nom de *lacus Allech*.

Cette petite localité, inscrite déjà dans la mappemonde de Carignano sous la forme *Anchela*, marquait à la fin du XIIe siècle sur le littoral baltique les bornes des territoires slaves du côté de l'Orient[4].

Stetin, Stettin, est quelquefois mentionnée dans les chartes publiées par Sartorius[5] sous les formes *Stetin* et *Stetyn*.

Il est souvent question de *Grisvaldis*, Greifswald, dans l'histoire de la hanse. Cette ville est désignée sous les noms de *Gripeswold*, *Grypeswolt*, *Gripeswold*, *Gripeswald*, *Grypeswalt* dans les actes du XIIIe et du XIVe siècle, publiés par Sartorius[6]; Carignano l'appelle Grisvald.

Lundis magne est, suivant Lelewel, Lüdershagen, près Barth, dans le pays des anciens grands Lutices[7].

(1) Id, *ibid.*, s. 184.

(2) L'ordre naturel de l'E à l'O, serait *Neria*, *Elbingana*, *Turon*, *Godansee*, *Allech*, enfin *Scorpe*.

(3) Lelewel a montré beaucoup de pénétration dans les identifications proposées pour ces divers noms de lieux. Il me paraît s'être trompé toutefois à propos de *Scorpe* qu'il considère comme une répétition de mot Guarpe, qu'on lit non loin de là dans la carte catalane et dont il fait un *warf*, « un jet, une embouchure » de l'Oder.

(4) A termino qui dicitur Hel.. (Anonymus *de profectione Danorum in terram Sanctam* C. V. (*Script. Rer. Danic. medii ævi.* Coll. Langebek. T. V. p. 368).

(5) Sartorius, *op. cit.* Bd. II. s. 101, 133. — K. Hohlbaum, *op. cit.* Bd. I. s. 106, 182, u. s. w.

(6) Sartorius, *op. cit.* Bd. II. s. 101, 120, 127, 141, 143, 145, 169, 184, u. s. w. — Cf. K. Höhlbaum, *op. cit.* Bd. I. s. 125, u. s. w.

(7) J. Lelewel, *Géographie du moyen âge*, t. II, p. 65. — C'est bien près de là

Roystock, Rostock est appelée dans les documents de la hanse, *Rostok*, *Rostock*, *Rozstokh*, *Rozstock*, *Rozstocke*, *Rotstockh*, *Raudstok* et *Rustocke*[1]. *Usmaria*, s'y nomme *Wismaria*, *Wissmarie*, *Wissmare*, *Wismare* et *Wissemer*; *Lubeck* y est écrit *Lubeke*, *Lybek*, *Lybeke*, *Lybekh*, *Lubica*, *Lybica*[2], etc.

L'atlas de 1375 ajoute à ces divers noms du littoral baltique celui de *Rivalia*, connue des navigateurs danois de la fin du XIIIe siècle sous l'appellation de *Revelburg* et que des chartes du même temps nomment *civitas revaliensis* ou *revalia* [3].

Il nous donne encore le nom de *Prutenia*, la ville du Pregel, Kœnigsberg, fondée en 1255 sur les bords de ce fleuve à quelques kilomètres de son embouchure dans le Curish Haff; et celui de *Cucenjo*[4] l'un des ports de cette lagune, peut-être Memel, dont l'origine remonte à 1254.

Plus à l'ouest on peut y lire en outre les noms de *Stetin*, Neu-Stettin, de *Colberg*, Kolberg, l'ancienne capitale des Cassoubes, ramenée cette fois de Suède en Slavie, de *Stadin*, Stettin, enfin de *Guarpe*, qui est peut être Neuwarp, sur le Gross Haff.

Tous ces noms sont d'ailleurs espacés à des distances presque égales le long de la côte méridionale de la Baltique et dans un désordre qui montre bien, qu'encore à la fin du XIVe siècle, on était relativement ignorant dans la Méditerranée des choses du nord de l'Europe. *Rivalia* qui devrait être bien au nord de Riga lui succède au sud-ouest. Après avoir mis en place le Curish Nerung, Elbing, Dantzig et Stolpe, le cartographe recommence à inscrire les noms

que s'élève Stralsund connue sous les noms de *Stralæsundæ*, *Stralsundern*, *Stralessundt*, *Stralessunt*, *Stralessont*, *Straloæe* dans les chartes du XIIIe siècle, et dont ne font cependant jamais mention les cartographes du siècle suivant (Sartorius, *op. cit.* Bd. II. 108, 109, 112. 126, 143, 145, 173, etc. — K. Höhlbaum, *op. cit.* s. 89, u. s. w.

(1) Sartorius, *op. cit.* Bd. II. s. 27, 75, 101, 126, 127, 133, 143, 145, 169, 184, 225, 231. — K. Höhlbaum, *op. cit.* Bd. I. s. 48, u. s. w. — Les chroniques danoises du XIVe siècle écrivent Rostoch ou Rostock (Langebek, *coll. cit.* t. VI p. 253, 520, etc.) ; la charte déjà citée de Philippe le Bel orthographie ce mot *Rosloc* (Sartorius, *op. cit.* Bd. II. s. 175) Carignano écrit *Roistoc*.

(2) Sartorius, *op. cit.* Bd. II. s. 27, 46, 52, 101, 126, 127, 143, 145, 150, 169, 225, 261, u. s. v. — K. Höhlbaum, *op. cit.* Bd. I. s. 34, 37, u. s. w. — La Charte de Philippe le Bel de 1294, écrit *Lubeque*, *Huissemaire* : Sanuto nomme seulement *Wsmaria*, Carignano orthographie *Lubeck* et *Vismaria*.

(3) Sartorius, *op. cit.* Bd. II s. 111, 153, 303.

(4) *Curconia* (*Conoscimiento*. p. 82).

qui correspondent à Nehrung, à Hela, à Neu Stettin et à Colberg.

Mais c'est surtout lorsqu'il cherche à mettre en ordre les notes confuses qu'il s'est procurées sur l'intérieur du pays, qu'on a de la peine à le suivre. J'ai déjà dit que les mappemondes catalanes et celles qui en sont dérivées ne figurent dans l'intérieur de l'Allemagne du nord que le cours de quelques fleuves de diverses longueurs, qu'elles font descendre d'une chaîne de montagne qui décrit les trois quarts d'un cercle autour de la Bohême.

Le premier de ces fleuves, dans la carte de 1375, se jette près de *Prutenia* après avoir suivi une longue courbe, à peu près régulière, à convexité orientale; il baigne trois villes, *Forzim*, Feltin, *Sudona*, Sandecz et *Sudumera*, Sandomir [1], c'est la Vistule [2].

Mais un second fleuve, partant des mêmes montagnes et décrivant une courbe de même sens, inscrite dans la première, vient se jeter dans la Baltique entre *Albing* (Elbing) et *Godansse* (Dantzig) C'est de nouveau la Vistule [3].

Enfin un troisième fleuve serait la Vistule encore, si l'on ne tenait compte que de son embouchure reportée à l'est de Héla (*Alech*) mais les noms de villes qu'on peut lire le long de ce cours d'eau, ceux que l'on trouve inscrits auprès de l'affluent que le cartographe lui attribue, montrent bien qu'il s'agit de l'Oder, et de la Warta, l'un de ses tributaires. Le tracé peu différent de la mappemonde de Dulcert porte d'ailleurs le nom de *fluvius Odiri* [4].

Les noms de villes auxquelles je viens de faire allusion, sont *Posna* (Pozna, Posen) *Asna* (Gnezna, Gnesen) *Sira* (Sieradz, Sira-

(1) Dulcert, qui ne représente que cette seule ville, le long du *fluvius Vandalorum*, la nomme, nous l'avons dit déjà, *Sandamirio*.

(2) « *Vistula* Plinio et *Vistillus*, Iornandi *Visela*, Marcellino *Bisula*, Melæ *Visula*, Vadiano, *Iustula*, aliis *Iustilla*, *Istula*, Orientalibus populis nobis vicinioribus *Alba Aqua*, à colore albo, Germanis *Weichsel*, *Weixel*, Polonis *Wisal*. (G. Rzaczynski. *Historia Naturalis Curiosa regni Poloniæ, magni ducatus Lituaniæ, annexarumque provinciarum*. Sandomirkæ, 1721, in-4°, p. 145.)

(3) Ce second fleuve manque à la mappemonde de 1339. Le troisième fleuve de la même mappemonde, celui dont il va être question et qui porte le nom de *fluvius Odiri* tombe à la mer entre *Scorpe* (Stolpe) et le lac *Allech* à 3 degrés à l'est de l'embouchure réelle de l'Oder.

(4) Sanuto nomme l'Oder *Odra* (Bibl. Nat. Lat., n° 4,939). Carignano a un *Odera fluvius* sommairement tracé avec *grosna* (Crossen), *Slinavia* (Steinau), *Patila* (Breslau), *Cosle* (Cosel), tout le long de son cours. Si l'on compare ces noms à ceux des cartes catalanes, on constatera qu'il n'en est pas un de commun à ces monuments de sources très différentes.

dia) sur la Warta, et sur l'Oder, *Guragona* (Glogau) et *Epoli* (Oppeln [1]).

On voit encore au-dessus d'*Epoli* le nom de *Ceam* que je n'ai pas pu identifier. J. Lelewel, qui avait lu ce nom *Ceane* proposait d'y voir Cieschine ou Teschen sur l'Elve, affluent supérieur de droite de l'Oder[2].

L'île de Rugen, *Ruya*, est représentée le long de la côte sous l'aspect d'un petit ovale transversalement allongé. C'est sous cette forme ou celle de *Rugia* qu'on la rencontre mentionnée dans les actes de la fin du XIIIe siècle et du commencement du XIVe [3]. L'auteur du *Conoscimiento* écrit son nom *Ruyna* et la réunit dans une très brève description aux trois îles danoises qu'il connaît sous les appellations de *Erria*, de *Finonia* et de *Ganglante*.

Ces trois vocables se retrouvent mieux orthographiés dans Dulcert, qui a dessiné le long de la côte orientale de Danemark, deux petites îles dont une seule porte un nom *Era* (Aroë), mais qui repousse tout le reste de l'archipel danois entre la pointe de Skagen et la concavité du Kattégat. Les îles qu'il connaît sont *Langland* (Langeland) *Finonia* (Fyen ou Fionie) *insula Salandia* (Själland[4] ou Seeland) avec une ville du même nom, *cibdat que dizen Colanda*, suivant la formule du *Conoscimiento*[4], c'est-à-dire Copenhague, fondé au XIIIe siècle par l'évêque Axel et qui était devenu tout récemment la résidence de la cour de Danemark.

Dacia. — Le Danemark était connu dans ses traits les plus essentiels dès le Xe siècle de notre ère. La célèbre mappemonde de la

L'itinéraire de Prague à Cracovie descendait à *Bresselau* (Breslau), de *Yuerdenis* (Schweidnitz), par le cours de la Weistraz et remontait l'Oder par *Pric* (Brieg) et *Sppel* (Oppeln) pour gagner Strelitz. (J. Lelewel, *Itinéraire brugeois de la fin du XIVe siècle* (*Géographie du moyen âge. Épilogue*, p. 289). Bruxelles, 1857, in-8°.)

(2) L'auteur du *Conoscimiento* ajoute à la suite du dernier texte que j'ai cité plus haut « en el Reyno de boemia son siete cibdades grandes. s. grisna, posna et sirea et noxia..., (p. 11)

(3) On lit par exemple dans deux pièces de 1278 et de 1283, publiées par Sartorius, *Wizlaus* ou *Wizslaus princeps Ruianorum* (*op. cit.* Bd. II. s. 112, 132, dans une autre de 1302 *Wizelani principis Ryanorum.* (*Ibid.* s. 225) enfin dans une dernière de 1313 *principi Ruyanorum* (*Ibid.* s. 269). *Rugia* serait plutôt la forme danoise, (Langebek, VI, 520, etc.)

(4) *Conoscimiento*, p. 29.

bibliothèque cottonienne le représente déjà comme une presqu'île de forme irrégulièrement ovale, se détachant vers le nord des rives baltiques auxquelles la relie un isthme étroit et contourné. C'est à peu près sous le même aspect que les cartes édrisiennes nous présentent *Danmarcha*[1].

La mappemonde sanutine de Paris en exagère la longueur et en tourmente les contours; elle y distingue l'isthme par les mots *introitus dacie* et divise la presqu'île en deux parties qu'elle nomme Vandalie *p. Vandalia*, et Norique *p. Noricie*[2].

Carignano adoptant l'ancien type ptolémeen, ainsi que je l'ai déjà fait remarquer, incline fortement à droite l'extrémité de la presqu'île que Dulcert redresse et dessine pour la première fois, sous des traits qui s'éloignent peu des contours réels du Jutland[3]. La péninsule est toujours mal en place, à la fois trop au nord et trop à l'est, mais la figure en est devenue presque exacte.

L'entrée de la presqu'île danoise, *introytus dacie*[4] (Dulcert), fermée par la rivière Slia[5] ou Slie (*aque Vllie*) était défendue au moyen âge par les forteresses de Slesvig[6], *servic* (M. B.) et de Gottorp (*Casto Gotorp*). Tandis que la première de ces places est tombée dans une profonde décadence, la seconde dont le rôle historique a été beaucoup plus important et beaucoup plus soutenu, est encore aujourd'hui le siège de l'administration de toute la province.

Des nombreux petits ports abrités au fond des fjords de la côte orientale du Jutland, deux seulement étaient connus des premiers géographes catalans; c'étaient *Caldeng*, Colding et *Randeus*, Randers, aujourd'hui petit chef-lieu de district, au fond du *Randers-fiord*.

(1) La carte édrisienne du manuscrit Asselin lui donne la forme d'une presqu'île arrondie, reliée au continent par un isthme fort étroit. Mais cette carte est du XIIIe siècle, comme le manuscrit auquel elle se rattache. Le texte du célèbre géographe arabe (Ed. Jaubert, t. II, p. 427) définit le Danemark (*Danmarcha*) « une île de forme ronde; son territoire est sablonneux. On y remarque quatre villes principales », etc.

(2) Les transcriptions de Lelewel sont tout à fait inacceptables. On lit sur l'original, *introitus dacie, dacia, p. Vandalia, p. no ricie,* et en dehors *no gia*, novergia.

(3) Jutia (Sanuto et Langebek, t. V, p. 350). Judland, Judlant. (Pertz. *Monum. Germ. Hist. Scriptores*, VI, 608, VII, 367.)

(4) *Dania*, quæ nunc *Dacia* dicitur. (*Script. Rer. Dan*, ol.)

(5) *Descriptio insularum aquilonis*. (Pertz. *Monum. German. Hist.*, t. VII, p. 367.)

(6) *Sliaswig*. (Pertz. *Monum. Germ. Hist. Script.*, t. VI, p. 608.) *Slesvicum* (*Rer Dan. Hist.* authore Joh. Isacio Pontano. Amstelodami, 1631, in-f°, p. 180). *Ep. Sleswicensis* (*Ibid.*, t. II, p. 775).

Le cap d'*Uxelant* ou d'*Oxeland* des Catalans[1] est le Skagen des cartes modernes; ce mot signifie *terre des bœufs* et il faut convenir qu'une telle appellation convenait parfaitement au Jutland qui élevait et exportait un fort grand nombre de ces ruminants[2].

Le seul nom de localité qu'on rencontre sur la côte danoise de Skager-Rack est celui de *Burgalensis* qui est, sans hésitation possible, la petite ville de Borglum ou Börlum, ancien siège épiscopal (*episcopatus Burglanensis*), dont il est fréquemment fait mention dans les documents du moyen âge sous les noms de *Burgliem*, *Burlum*, *Burölaund*[3] et dont le nom primitif semble avoir été *Burlanis*. Ælnothus, qui la désigne ainsi, suppose qu'elle a tiré cette appellation d'une dame Burlina, qui en aurait été autrefois possesseur[4]. Borglum, au temps de saint Canut, est une villa royale; elle figure dans le cadastre de Valdemar II sous le nom de *Burlun*[5].

Ce dernier document appelle *Thytæ*[6] la ville de Thy, Thysted, indiquée par les cosmographes catalans près du promontoire qui termine la presqu'île du côté du nord-ouest. Dulcert l'appelle *Tuya* (Thy se prononce *thü* en danois); mais ses imitateurs déforment ce mot en *ruia* et même *riua*, qui devient inintelligible[7].

Viborg, surmonté de l'étendard royal d'or à trois lions de sable, est à sa place vers le centre de figure de la péninsule. «*Vuiberg* dit la légende, *hic coronatur rex Dacie.*»

(1) Les autres Catalans du XIVe siècle ont ajouté à ces deux noms, ceux de *Dandorg* (Dranderop), *Andexop* (Wanderop), *Orgnes* (Horsens), *Arrus* (Aarhus), *Almebrung* (Aalborg).

(2) La seule douane foraine de Gotorp percevait chaque année, au XVIIe siècle, des droits de sortie sur cinquante mille bœufs; c'est à peu près le chiffre actuel. (48,274. — V. Schmidt, *Le Danemark à l'Exposition universelle de 1867*. Paris, 1868, in-8°, p. 199.) Ces animaux viennent surtout du nord de la presqu'île, des environs de Thy en particulier.

(3) Langebek et Suhm, *Script., Rer. Dan.* t. VII.

(4) Villa regia, quæ a domina quondam loci ipsius quæ Burlina dicebatur, jam mutata vocali, *Burlanis* nuncupatur. (*Ælnothi historia S. Canuti Regis*. (Langebek. *Script. Rer. Dan*, t. III, p. 356.)

(5) Ibid., t. VII.

(6) Thytæsysel, hodie Thyland (*Sysel* vel *Sysle*, dit Suhm, est vox antiquissima et significat partem regionis. In Jutia erant 15 *Sysler* (Ibid., p. 554).

(7) *Ruya*, Dulc. *Ruia*, non *riva*. Atl. cat. Tastu en a fait à tort Ribe, le *Ripis* écrit un peu plus bas. Les variantes des anciennes chartes danoises, relevées par Suhm, sont *Thiül*, *Thiol*, *Twiid*, *Thyd*, *Thuïthæ*, *Thüdes* et même *Dudes* (*loc. cit.*, p. 561).

C'est, en effet, à Viborg qu'ont été bien souvent élus les anciens souverains, non seulement du Sylland, mais aussi du Danemark tout entier. A l'époque païenne, Vuiberg était une colline sacrée (*Vi* sacrum, *berg*, mons) où l'on faisait des sacrifices aux idoles. L'introduction du christianisme amena la création d'un évêché (*ep. Wibergensis*) [1]. L'annaliste saxon et le chroniqueur Ekkehard en désignent le siège sous les noms de *Wigberg* et de *Viburg* [2]; le cadastre de Valdemar II appelle cette localité *Wibiörgh* [3].

La dernière ville danoise vers le S.-O. n'est autre que Ripa, Rypen, le vieil et célèbre évêché, le port de commerce dont Adam de Brême mentionnait déjà les relations avec la Frise, la Basse-Saxe et même l'Angleterre [4] et qu'une navigation régulière reliait à la Flandre au XIIIe siècle [5]. Notre carte lui donne le nom de *Ripis* sous lequel il demeurera bien longtemps désigné chez les peuples méditerranéens [6].

Le long de ces côtes, relativement bien dessinées, le cartographe majorcain a figuré trois petites îles, qui correspondent à Fanö, à Sylt et à Fora. Ces diverses îles n'ont point de dénomination collective dans les cartes modernes, mais on les désignait au XIVe siècle sous le nom de *Insulæ sanctæ*, *les îles saintes* [7].

C'était un souvenir de la légende de l'évêque Einbert, enlevé par

(1) Pertz. *Monum. Germ. hist. Script.*, t. II, p. 775.

(2) *Ibid.*, t. VI, p. 159, 555. — Cf. *Script. Rer. Dan.*

(3) *Script. Rer. Dan.* VII, 519.

(4) Ripa... quam civitas alio tangitur alveo, qui ab Oceano influit et per quem vela torquentur in Fresiam, vel in nostram Saxoniam, vel certe in Angliam (C. 208, p. 56).

(5) De *ripa* in flandriam ad *cincfal* velificari potest II diebus et II noctibus (*Navigatio ex Dania per mare occidentale orientem versus, circa* 1270 (Langebek, t. V, p. 622.)

(6) L'auteur du *Conoscimiento* n'a point manqué d'altérer profondément les divers noms qu'on vient de lire. *Vuiberg* (Wiborg) devient sous sa plume *Burbena*; *Tuya* devient *Biua*; *Randeuz*, *Tandeuz*, etc. En outre, pour bien démontrer qu'il n'a jamais vu le Danemark et que les renseignements qu'il donne sont tirés d'une carte mal lue et mal comprise, il énumère parmi les douze cités importantes « *doze cibdades grandes* » *Dacia* et *Danes mare*, le nom du pays lui-même, sous des formes différentes et qu'il suppose désigner deux villes distinctes (*loc. cit.* p. 29).

(7) *Insule sc̃e*, dans la carte de 1339 : *isole sc̃e* dans la mappemonde de Pizzigani de 1367, *insule sc̃e* dans l'Atlas catalan de 1375, etc. Testu a lu à peu près correctement cette dernière inscription, mais il a pris *Sce* pour un nom propre, qu'il a traduit par celui de *Syll*, qui désigne aujourd'hui l'une des îles du groupe (p. 41).

des pirates, tandis qu'il se rendait dans son diocèse de Fionie, et transformant si profondément la contrée barbare dans laquelle il se trouvait captif, qu'il en pouvait faire un *pays de Saints*, *Heiligeland*[1].

Une quatrième île, un peu plus grande, se voit plus bas. C'est l'île de *Strand*, au nord de l'Eyderstede, que les Catalans se bornent à dessiner, sans lui imposer aucun nom. L'Eyder (*Egdore Ethrina*) est désigné sous le nom de Leulie. Hambourg échappe aux cosmographes, malgré son importance commerciale, et ils n'écrivent le long du cours de la Basse-Elbe que le nom de *Vangaroga*[2], qui s'applique à une île que l'on voit dessinée à l'embouchure du fleuve, Wangeroog, la plus orientale des îles frisonnes, dont le gisement réel est plus à l'ouest, entre les bouches du Weser et de l'Ems.

Le cours de l'Elbe (*flumen Albia*) offre des particularités curieuses. Déjà Carignano avait connu, d'une manière encore vague, la courbe que décrit le grand fleuve à travers la Bohême avant de prendre sa direction finale vers la mer du Nord. Le Catalan la représente sous un aspect très singulier. Au lieu de descendre du nord au sud des Riesengebirge, pour remonter ensuite du S.-E. au N.-O, et sortir de Bohême au défilé de Schandau, l'*Albia* qu'il dessine part du S.-O, décrit les cinq sixièmes d'une circonférence, puis se précipite vers la mer par un cours à peine ondulé, dirigé à peu près du N.-E. au S.-O. Dans tout son trajet circulaire, le *fluvius albia* est enveloppé de montagnes, *montes boemorum* et *praga*, Prague occupe le milieu de ce cirque naturel, la Bohême, *Boemia*[3].

Perne (Pirna), *Dresden* (Dresde), *Guice* (Würtzen), *Mandborg* (Magdebourg), *Stendart* (Stendhal) occupent les rives du fleuve[4] dans sa traversée des provinces de *Saxonia* (Saxe) et de *Frixia* (Frise).

(1) La petite île d'Helgoland, en face de l'Elbe, devrait son nom à cette même légende, suivant quelques-uns. Ph. Munay a cependant proposé une autre étymologie. « *Nomen vero potius ab excelsa petra, quam dialectis suis HOELL dixere gentes boreales, qualisque est, quæ illam fere constituit, derivamus, quam a loci sanctitate* (*op. cit.*, p. 145). Le nom de *Halgolend*, en Norvège, aurait, suivant lui, la même origine.

(2) *Vuangroga* (Atl. cat.). *Vuan garoga* (Mus. Borb.).

(3) L'auteur du *Conoscimiento*, qui ne connaît les lieux que par une carte semblable à la nôtre, représente la capitale, Prague, comme enveloppée par l'Elbe, puis par une haute chaîne, les montagnes de Bohême : « *Praga* do coronan los Reyes de *Boemia* et esta praga es toda cercada de vna alta sierra que dizen los montes de boenia et en media es vna gran naua et en medio esta la cibdad asentada çercada en derredor de vn Rio grande que dizen *Albia* » (*Conosc.* p. 11-12).

(4) Cette dernière en est pourtant en réalité assez distante. Ces noms pren-

VIII

Ollanda. — La Hollande commence dans Dulcert par le mot *Ollanda*, qui chez les autres Catalans recule légèrement vers l'intérieur. Le territoire hollandais se présente sous l'aspect d'une côte dirigée du N. au S. continuant directement le rivage occidental du Danemark et assez profondément échancrée en manière de bassin de forme ovale, que couvre incomplètement du côté de la mer une presqu'île étroite remontant vers le nord. C'est le Zuiderzee assez exact, mais de dimensions trop réduites et c'est la presqu'île hollandaise.

Un peu au nord du golfe, une île ovale porte le nom de *Mosdiepia*, écrit aussi dans les mappemondes postérieures *Masdepia* et *Maldiepa*. Ce nom est encore aujourd'hui celui du détroit (*Mars diep*) qui sépare l'île du Texel de l'extrême pointe de Hollande[1]. Pour qui vient du sud, ce canal est la grand'route de la Frise[2].

P. Scallinge ou *Scalingue*, fortement déplacé par nos Catalans dans la direction du midi, marque un second passage de la haute mer vers le Zuiderzee. C'est Der Schelling ou Terschelling, droit au nord de la péninsule frisonne, avec Vlie Reede et Cogger Diep, qui mènent à Harlinger, Staveren, etc.[3].

Ces villes, si importantes qu'elles pussent être, étaient ignorées de nos géographes qui ne connaissaient que deux points du périple du Zuiderzee; encore les plaçaient-ils fort mal.

L'un est *Ardrohic*, l'autre est *Utrech*.

Ardrohic est Harderwyk, aujourd'hui petite ville de 4 à 5,000 habitants, mais qui dès les dernières années du XIIIe siècle, moins

nent dans l'atlas de 1375 les formes suivantes : *Praga*, *Dresden*, *Guise*, *Mangobros*, *Slendar*. Les progrès de la géographie ont enrichi cette nomenclature des noms de *Missen* (Meissen), *Aquis* (Acken), *Argent munde* (Tangermunde) *Le Sem* (Lentzen).

L'anonyme du Museo Borbonico met en place *Prag*, *Dresden*, *Missem*, *Guisse*, *Berg* (Muhlberg), *Aquis*, *Margoborg*. *Argentmonde*, *Slendar*, *Scazem*. (Schmusen, sur l'Oste, comme Stendhal, mais très près de l'embouchure de cette rivière dans l'Elbe.)

(1) Cf. *Nieuwe Caerte waerinne vertoont de gantsche Vaert van Amsterdam over de Watten tot de Stadt Hamborchloe*, den liefhebberen en den reysenden luyden tot nut en vermaeck int coper gesneden door Henricus Hondius, 1634.

(2) Le port actuel du Helder, ouvert sur la rade du Texel, a rajeuni le nom du vieux canal. Il s'appelle, en effet, *Nieuwe Diep*.

(3) *Nieuwe Caerte*, etc.

de cinquante ans après sa fondation par le comte de Gueldres, Othon VIII[1], équipa des flottilles et tint tête à Hambourg. La médiation de Deventer, de Zwolle et de Kampen fit cesser en 1280 une lutte préjudiciable aux deux villes rivales et Harderwyk entra dans la ligue hanséatique où elle joua longtemps un certain rôle.

Vtrech, Utrecht, Uytrecht, a une histoire commerciale beaucoup plus importante et beaucoup plus longue. Verhoeven en a résumé les principaux événements[2] depuis 1204; nous ne pouvons mieux faire que de renvoyer nos lecteurs à sa dissertation.

Gravesant, dont le nom est écrit par Dulcert, près du cap qui termine au midi la presqu'île hollandaise[3], existe encore sous le nom de S'Gravesande. C'est un petit bourg, au bord de la mer du Nord, à quelques kilomètres de la ville de Delft. *Gravesant* n'a jamais eu par lui-même, la moindre importance, mais sa situation à l'entrée septentrionale des bouches de la Meuse en faisait, pour la navigation des Hanséates, un point de repère important.

Au sud de *Gravesant* commence le grand delta commun aux eaux du Rhin, de la Meuse et de l'Escaut, et dont les îles les plus importantes composent la meilleure partie de la province de Zeelande, désignée par les cartographes du commencement du XIVe siècle sous le nom de *Sollanda*[4].

Ces îles sont au nombre de cinq dans la carte de Dulcert comme dans celles de ses imitateurs directs. De ces cinq îles, deux seulement ont des noms; l'une au sud est dite *Seuta*, Lelewel en a fait Schouwen[5], l'autre au nord est appelée *Ost-forn*, et correspond peut-être au grand banc appelé *Ooster* dans les cartes marines[6]. Je ne

(1) *Civitati Harderewick et civibus in ea commorentibus* », disent les chartes du comte Othon VII, de 1229 et 1231, citées par M. Havard (*Voyage aux villes mortes de Zuiderzee*. Paris, 1874, in-12, p. 370-71.)

(2) W.-F. Verhoeven. *Historische Tyd-en Oordeelkundige Aenleekeningen, met algemeyne Aenmerkingen op de Zelve, dienende tot Antwoord op de Vraege* hœdænig was den staet van de hand. Werken, en van den Kophandel in de Veder landen, ten tyde van de derthienste en veerthienste lemve? (Mémoires sur les questions proposées par l'Académie impériale et royale des sciences et belles-lettres de Bruxelles qui ont remporté les prix en MDCCLXXVII) Bruxelles, 1778, in-4°, p. 106.

(3) *Grubesant* de Visconte, *Grauexant* de l'atlas de Tamar Luxoro.

(4) *Sallanda* (Visconte), *Sollanda* (Dulcert). — Colanda est une ville pour l'auteur du *Conoscimiento* : « Una cibdat que dizen Colanda » (p. 10). L'anonyme de la collection Tamar Luxoro écrit *Salanda* entre *Dodrel* et *Adreborg*.

(5) *Portulan général*, p. 3.

(6) Les îles de Zélande inscrites dans l'atlas Tamar Luxoro sont, suivant

donné ces identifications que sous toutes réserves. Ainsi que MM. Desimoni et Belgrano le font justement observer, les changements considérables survenus depuis six siècles dans ces contrées, compliquent singulièrement les comparaisons entre la nomenclature ancienne et celle de nos jours. Au surplus, on évitait des parages, alors particulièrement dangereux pour la navigation, privés d'ailleurs de ports et de commerce maritime, et l'on ne mentionnait par suite sur les cartes que des repères extérieurs, des points pouvant servir d'*amers* aux navires qui contournaient de loin, avec prudence, des pays noyés [1] sans feux ni balisages. On trouve toutefois, parmi les noms inscrits comme au hasard sur la terre ferme voisine des noms comme *greuelet* et *breuet* [2] qui s'appliquent encore à des îles ou à des presqu'îles de l'archipel de Zélande sises à l'intérieur. La première de ces localités correspond suivant Lelewel au Grouwe dert, dans la presqu'île d'Hulst sur l'Escaut. On ne saurait, méconnaître dans la seconde, l'île de Biervliet à l'est de Cadsant.

Maxe est le cours inférieur du Rhin, *Mossa*, la Meuse et *Scalt* l'Escaut.

Le *fluvius Maxe* de Dulcert, *Moxo* de Visconte, *Maxa* de l'anonyme de 1375, *Mauxa* de l'atlas Tamar Luxoro [3] est un long cours d'eau parallèle dans la plus grande partie de son étendue au *flumen albia* dont nous avons précédemment étudié le tracé. Il ne prend son vrai nom de Rhin, *flumen rinus*, qu'en amont de son confluent avec la Moselle, *fluvius mosela*. Le long de son cours légèrement sinueux on lit les noms de *collogna*, Cologne, *confluencia*, Coblentz *argentina*, Strasbourg, et *basilea*, Bâle [5].

Les géographes catalans ne connaissent d'ailleurs pas mieux la haute vallée où ils inscrivent ces derniers noms que celles des

MM. Desmoni et Belgrano, *Gavrant* (Cadsand), *Andolm* (Tholen? Beveland?), *Y-das* (Duiveland?), *Y-clan* (Schouwen?) et *Lieuder* (Goru? Overflakkee?). *Loc. cit.*, p. 31.

(1) Ce nom de *pais noyé* est encore donné, sur les cartes du XVIII° siècle, à toute la contrée entre Berg-op-Zoom et Sud-Beveland.

(2) *Ceorel* de l'atlas Tamar Luxoro.

(3) Placé avec *Cologna* au nord de *Dodrel*.

(4) Le *Conoscimiento* fait aussi de *Maxa* une ville (p. 8).

(5) Il est remarquable que les Catalans ignorent Anvers, que les Génois inscrivaient pourtant avant eux sur leurs cartes sous le nom d'*Anguersa* (Tamar Luxoro). L'auteur de cet atlas écrit aussi le nom de *Malines*, inconnu aux Catalans, malgré son importance industrielle et commerciale (Cf. Verhoeven, *op. cit.*)

autres fleuves que nous avons déjà remontés à leur suite. Cette ignorance semble au premier abord assez extraordinaire, elle porte en effet sur un cours d'eau navigable, à la fois très important et relativement peu éloigné et d'accès généralement facile. On ne peut en trouver une explication plausible, que si l'on veut bien tenir compte des obstacles opposés aux négociants dans la traversée de Cologne (*Collogna*), demeurée néanmoins la première place de commerce des pays rhénans.

D'après un vieil usage établi à Cologne, les marchands des contrées à l'est de la ville, ne pouvaient la dépasser à l'ouest : tandis que les voyageurs remontant des embouchures vers le haut du fleuve ne devaient remonter que jusqu'à Rodenkirchen, les gens des pays en amont, avaient le droit de commercer vers l'aval au-delà du village de Ryle. Grâce à ces dispositions, d'origine réputée immémoriale, presque toute communication suivie était interrompue sur le Rhin[2], dont les eaux supérieures demeuraient ainsi à peu près inconnues des Flamands, des Brabançons et des autres indigènes du Bas Pays, près desquels seuls pouvaient se renseigner nos géographes du midi de l'Europe[1].

Dulcert représente, nous l'avons dit, le Rhin courant directement de l'est nord-est à l'ouest sud-ouest, depuis un lac de forme ovale jusqu'à la mer de Flandre. Ce premier lac n'a point de nom (on voit seulement écrits sur sa rive sud les mots *rious de...*) et ne correspond à rien de réel. Plus haut le cours du fleuve remonte vers le nord et passe à *Sant Usent* (Schaffhausen) pour aboutir bientôt au *lacus rinus*, notre lac de Constance, orienté nord-sud et sur la rive occidentale duquel est assis la ville de *constancia*. La source du fleuve est indiquée un peu plus bas à gauche[3].

(1) Voy. sur ce sujet Wauters, *Table chronologique des chartes et diplômes imprimés concernant l'histoire de la Belgique*, t. VI. Bruxelles, in-4°, 1881. — Introduction, p. LXXXV.

(2) Les gens de Gand ont seuls réussi à obtenir en 1178 *ascensum suprà coloniam* (Cf. Warnkœnig, *trad. cit.*, t. II, p. 428).

(3) Tout ce que nous disons ici du cours du Rhin de la mappemonde de Dulcert pourrait se répéter en décrivant le même fleuve sur toutes les autres. Le *portulan médicéen*, la mappemonde des Pizzigani, l'atlas catalan de Charles V, les mappemondes de Sollery et de l'anonyme du *Museo Borbonico* ne diffèrent de ce prototype que par l'abondance plus ou moins grande des noms de villes distribués le long du cours du fleuve. Aux noms de Dulcert il faut ajouter *Bonna* (Pizz.), Bonn ; *Ardenaco* (Pizz.), Andernach ; *Bopardis*, (Atl. cat. et borb.), Bopard ; *Magontia*, Mayence, et enfin *Veymacia*, Worms.

Le Danube s'échappe des *Alpes Allamanie* en décrivant vers l'est une courbe symétrique à la courbe rhénane, ornée d'un lac factice, *lacus danoye* qui fait pendant au *lacus rinus*. Les gens de Hongrie ou d'Allemagne orientale, qui auraient pu porter en Flandre et par suite, aux Catalans des renseignements sur le pays qu'arrose ce grand fleuve, étaient, nous l'avons vu, obligés de consigner leurs marchandises à Cologne, et l'on ne connut longtemps que bien vaguement chez les cosmographes le tracé du Danube (*flumen danoye*) de ses îles et de ses affluents et les noms de quelques villes situées sur les rives, *rastibona* (Ratisbonne), *patavia* (Passau, etc.

Revenons maintenant à la vallée du Rhin, pour faire remarquer que ni sur la Moselle, ni sur la Meuse, Dulcert et ses imitateurs n'inscrivent de noms quelconques. *Alsatia*, *litoringia*, *brabancia*, *frandria* sont les seuls mots à l'intérieur des terres. Ceux qu'on lit à la côte en deçà des bouches du Rhin, de la Meuse et de l'Escaut appartiennent à une nomenclature que les cartes génoises ont déjà développée, et à laquelle il serait inutile de consacrer ici de longs commentaires.

Dordret, *Dordec* (Visconte). *Dodret* (Atl. Luxuro) est Dordrecht, la plus ancienne ville de Hollande[1].

Ardenborg, *Ardenbot* (Visconte) est Ardembourg. On a vu plus haut quel rôle avait joué cette place dans les démêlés des Flamands avec les Hanséates et les Espagnols relatifs au poids de Bruges[2]. C'était une des villes de la hanse flamande de Londres[3].

Clusa est la *Crussa* de Visconte, *la Clussa*, *Lasclussa* des autres

(1) Sa fondation remonte à 994 : en 1266, le juge, les échevins, le conseil et toute la communauté de cette ville écrivaient à Hambourg pour provoquer des relations commerciales entre les deux cités (Sartorius, *op. cit.*, bd. II, s. 93).

On remarquera que Rotterdam, dont l'histoire commerciale remonte cependant à 1270 au moins (Verhoeven, *loc. cit.*, p. 82-83), n'est pas plus mentionnée par les Catalans qu'Amsterdam ou Anvers (Id., p. 53-57, 82).

(2) Voy. plus haut. Les privilèges accordés par les comtes de Flandre, « oppida Ordenburgensi », sont rapportés par Sartorius (*Op. cit.*, bd. II, s. 240) et Wankœnig.

(3) Cf. Warnkœnig, *trad. cit.*, t. II, p. 507-509. — Les autres villes de la hanse flamande de Londres citées dans les titres publiés par Wankœnig sont Bruges, Ypre, Tornaco ou Tornay, Insula ou Lille, Orcles (Orchies), Furnes, Dixmud ou Dikemue, Audenborc ou Oudenburg, Ostebore ou Ostburgh, Isendike, La Mue (Ter Muyden), Dam, Thorout, Bergh (Bergues), Baillis (Bailleul) et Poperinge.

Catalans, le port longtemps célèbre de l'Écluse[1] qui desservait *Bruges*, Bruges, devenu à la fin du XIIIe siècle, suivant un contemporain, le marché de l'univers[2]. *Branzaberga*[3] Blankenberghe, remplace un certain cap Sainte-Catherine (*cauo sca catalina*[4]) dont le petit village de Sainte-Catherine Capelles au sud de Nieuport a peut-être fourni le nom aux informateurs de Visconte.

Puis l'on ne trouve plus à signaler que des variantes à peu près dépourvues d'intérêt; telles que l'omission de Dunkerque (*Dumqerqo* Visc.) ou l'addition de Waben (*vuaban* Dulc.)[5] à l'entrée de la Manche.

(1) C'était déjà, sous le nom de *Sclusas*, l'un des ports de l'empire de Charlemagne (*per civitates, vel vicos, castella aut trajectus vel portus, exceptis Quentovico, Dorestato atque Sclusas*, dit un texte souvent cité. C'est probablement la localité désignée sous le nom de *Cincdal* par le Scholiaste d'Adam de Brême, le port de *Cincsal* où les navigateurs danois du XIIIe siècle allaient de Rypen en deux jours et deux nuits et d'où ils passaient à Prol (*De Ripa in Flandriam ad Cincsal velificari potest II diebus et II noctibus*, etc. Langebek, *op. cit.*, t. V, p. 622). C'est enfin *Ecclo*, où l'on se rendait de Bruges au XIVe siècle, avant de gagner, par Mourbeke, Anvers, Gueldres, etc. (*Itinéraire brugeois*, ap. Lelewel. *Épilog.*, p. 285).

(2) Mercatores universi Flandriam frequentantes in oppido Brugensi (Sartorius, *op. cit.*, bd. II, s. 117).

(3) *Brancaverga* (Pizz.), *Branzaberga* (Atl. cat. et borb.).

(4) Les deux noms coexistent pourtant chez l'anonyme génois, auteur de l'*Atlante Luxoro*. On lit côte à côte, dans une de ses cartes, *Santa Catarina* et *Blanca Verza*. *Mazico*, du même cosmographe, entre *Norpoiz* (Nieuport), et *Grauelinze* (Gravelines), est probablement Mardick, petit port, aujourd'hui comblé, non loin de Dunkerque.

(5) J'ai déjà fait remarquer ailleurs (*Bull. de Géogr. hist. et descript.*, 1886.) que le nom de *Uuaban* introduit dans leur nomenclature par les Catalans, à l'imitation de l'anonyme génois, auteur de l'Atlas Luxoro, était par erreur inscrit au sud de la Somme. C'est aujourd'hui le village de Waben, arrondissement de Montreuil (Pas-de-Calais).

« On ne se douterait pas, en traversant ce petit village, dit M. de Calonne (*Dict. hist. et arch. du Pas-de-Calais, arrond. de Montreuil*, p. 410), que ce fut jadis un port de pêche et de commerce important. Les atterrissements de la Manche l'ont isolé de la mer, mais c'était au moyen âge la principale ville du Ponthieu après Abbeville et Montreuil. » Les comtes résidaient au château bâti sur une vaste motte et dont la fondation remontait à la domination franque, à en juger par le résultat des fouilles pratiquées, il y a quelques années, dans le voisinage immédiat de cette ancienne forteresse. En l'an 1100, Gui II de Ponthieu concédait à l'abbaye de Saint-Josse huit *aquatias* (aquatia... jus piscandi tribus diebus in anno. Du Cang. *Gloss.*) *ad victum fratrum* (*Cartul. de Saint-Josse*, n° II, f° 2. *Arch. départ. du Pas-de-Calais*). Le même comte, d'après un autre acte de la même année (*Ibid.*, n° IV,

IX

J'ai terminé mon rapide voyage à travers les contrées du Nord de l'Europe, à la suite du cartographe majorcain de 1339. La carte muette, un peu réduite, qui accompagne ce mémoire suppléera, je l'espère, à l'insuffisance de mes descriptions.

Reproduite dans les ateliers majorcains, répandue peut-être jusqu'en Italie, la mappemonde de Dulcert contribua certainement d'une manière efficace à propager chez les navigateurs de la Méditerranée Occidentale des notions relativement justes, bien plus exactes en tout cas que celles qu'ils possédaient alors, sur les contrées que baignent l'Atlantique et les mers qui en dépendent.

Douze ans après Dulcert, un Italien, probablement Génois, dressait le bel atlas de la bibliothèque Laurencienne[1], dont la carte V représente la plus grande partie de l'Europe occidentale et septentrionale[2].

La comparaison de ce document avec la mappemonde de Dulcert est à l'avantage de cette dernière en ce qui concerne les pays scandinaves, démesurément agrandis par le cartographe italien, qui étale si bien les promontoires énormes de sa *Noruega*, qu'elle atteint presque vers l'Ouest le méridien de la côte occidentale d'Irlande. Le Jutland gigantesque est presque aussi long que l'Angleterre et l'Écosse réunies, et la nomenclature de cette presqu'île,

f° 2 v°), déclare avoir donné *septem aqualias apud Waben et unam apud Stapulas* (Etaples) (*Documents communiqués par M. l'abbé D. Haigneré*). Les comtes de Ponthieu possédaient à Waben un droit de *siège* qui « leur attribuait 8 d. parisis sur chaque bateau flamand qui y abordait; les bateaux anglais payaient 8 esterlins et les bateaux normands, 8 petits tournois (De Calonne, *op. cit.*, p. 411). »

(1) *Firenze. Bibl. Laurenziana. Gaddiani reliqui*, n° 9. — Cet atlas a été l'objet d'une dissertation du comte Baldelli Boni, qui le désigne sous le nom de *portulano mediceo* (*Storia del Milione*). M. R. Fischer en a publié, en 1881, une reproduction photographique fort médiocre dans la collection Ongania. (*Fac-simile del portolano Laurenziano-Gaddiano del anno 1351*. Venezia, Ongania, 1881, in-f°.)

(2) ... « Comprende il continente d'Italia, la Spagna fino al fiume Segura al sud di Valenza, parte del littorale portoghese, quello di Francia, Olanda, Germania, Gran Brettagna ed il Baltico. A occidente e a settentrione dell'Irlanda sono notate *insula de Brazi*, *Ingildagli*, *Saluaga*, *Siltant*. » (G. Uzielli et P. Amat di S. Filippo. *Mappamondi, carte nautiche, portolani ed altri monumenti cartografici specialmente italiani dei secoli* XIII-XVII. (*Studi biografici*, etc., vol. II, p. 55. Rome, 1882, in-8°.)

comme celles de Suède et de Norvège, est des plus pauvres et des plus défectueuses. On ne lit sur les côtes de ce dernier pays que les seuls mots *breges* (Bergen) et *tardola* (Tronjheim). *Stade* (Ystad) et *cebenas* (Scanor?) sont l'une et l'autre devenues des îles sises en face d'un des lourds promontoires norvégiens. Le littoral suédois ne nous montre que Vexiö (*cuxia*) [1] et bien loin dans l'est Scara (*c. scarsa*) avec les îles de Bornholm transformée en *bune dao*, et de Gothland confondue par le cartographe avec la Seeland danoise sous le nom de *Solanda*.

Les îles Britanniques demeurent à peu près les mêmes que dans le Luxoro. Nous constatons cependant que, en dehors de régions communes, presque identiques dans les deux atlas, l'Irlande du *Medicea* s'est enrichie de presque toute la nomenclature nouvelle détaillée plus haut sur la première des mappemondes catalanes.

Mais certaines routes fluviales d'Allemagne commencent à être bien mieux connues dans le sud de l'Europe et les rives de la Vistule et de l'Oder se montrent, dans le nouvel atlas, toutes chargées de noms, en partie nouveaux pour la science et pour le commerce, tandis que les bords de l'Elbe demeurent vierges de toute nomenclature géographique.

L'école vénitienne élargit, à son tour, le cercle de ses connaissances dans la direction du Nord; le célèbre planisphère qui porte le nom de Pizigano et la date de 1367 [2], embrasse la même étendue que celui de Dulcert, et en reproduit toutes les dispositions essentielles. L'Elbe, l'Oder, la Vistule et surtout la Volga sont remarquables par le grand nombre des villes dessinées sur leurs bords. Les marchands d'Italie doivent avoir remonté ou descendu fréquemment ces divers fleuves pour qu'un cartographe vénitien ait pu grouper et mettre en place tant de noms jusqu'alors inconnus de ses compatriotes.

Il ne reste plus à citer, après ces deux grandes œuvres italiennes que des cartes marines, toutes catalanes comme celle de Dulcert, et se rattachant à ce prototype [3] par leurs formes générales, leur déco-

(1) N'ayant sous les yeux que l'épreuve photographique fort réduite et assez mal venue de la collection Fischer-Onganla, je ne garantis en aucune façon mes lectures péniblement faites avec un verre grossissant.

(2) On trouvera dans l'ouvrage déjà cité de MM. G. Uzielli et P. Amat di S. Filippo (*éd. cit.*, vol. II, p. 58) la bibliographie complète de ce document dont il n'existe malheureusement d'autre reproduction qu'une grande lithographie assez incorrecte de Jomard. (*Monum.*, nos 44-49.)

(3) Nous employons toujours ce mot à titre provisoire. D'autres décou-

ration, leur nomenclature, etc. Ce sont l'atlas catalan de 1375 et la mappemonde de Naples, si souvent cités plus haut, puis les deux cartes marines de Soleri de Majorque, sur lesquelles je compte prochainement revenir, celle de Viladestes, et celles de Vallsecha, enfin l'œuvre multiple des Benincasa, émigrés des Baléares à Ancône[1], mais demeurés fidèles à la tradition géographique de la mère-patrie.

Toute cette série de cartes, seuls restes des innombrables pièces du même genre dont les ordonnances d'Aragon[2] imposaient l'usage aux marins, dès le milieu du XIVe siècle, toute cette série, je l'ai

vertes viendront, nous n'en doutons pas, vieillir encore la gloire des écoles géographiques de Barcelone et de Majorque.

(1) Que les Benincasa soient d'origine catalane, un document du XIIIe siècle le prouve sans réplique puisqu'il nous montre ce nom, d'origine arabe incontestable, porté par un individu de Barcelone compris dans la partition de Majorque publiée par Dameto... *Alqueria Benicilla*, dit ce document, *quatro jovadas es de B. Benencaça ae Barcelona* (*Repartimiento general de las tierras de la isla y lo demas que en ella hizo el serenissimo Conquistador ap.* Dameto. *La historia del Regno Balearico.* Mallorca, 1632, in-4°, p. 289).

(2) « *Ordenanzas de las Armades navales de la Corona de Aragon, aprobadas por el rey D. Pedro IV, año de 1354. Van acompanados de varios edictos y reglamentos promulgados por el mismo rey sobre el apresto y alistamiento de Armamentos Reales y de particulares, sobre las facultades del Almirante, y otros puntos relativos a la navegacion mercantil en tiempo de guerra.* Copiadas por D. Antonio de Capmany con orden de S. M. del archivo del Maestro Racional de Cataluna, y del Real y General de la Corona de Aragon, y vertidas literal y fielmente por el mismo del idioma latino y lemosino al castellano con insercion de los respectivos textos originales de cada instrumento. Madrid, en la Imprenta Real, 1787, in-4°.

Dans l'appendice n° 1 de ces ordonnances intitulé : « *De las clases y armamentos de las galeras de la corona de Aragon en el siglo* XIV », commence, à la page 2, l'inventaire des objets que doit contenir chaque galère, et parmi ces objets on mentionne « deux timons, deux gouvernails avec leurs pointes, *deux cartes de navigation* (*dos timones, dos gobernalles con sus espigones, DOS CARTAS DE MAREAR*) ». Il est ensuite question de voiles, de rames, etc.

Don C. Fernandez Duro, auquel je dois l'indication de ce texte, plusieurs fois mentionné vaguement, mais jamais exactement cité jusqu'à présent, veut bien m'adresser en même temps une autre mention fort curieuse de cartes marines empruntée à un auteur oublié du XVe siècle, le comte de Buelna (*Cronica de D. Pedro Nino, conde de Buelna.* Madrid, 1782, 2e part., cap. XII).

Parlant d'une tempête violente qui éclata dans la Manche au cours de la campagne de 1405 entreprise contre les Anglais par les flottes unies d'Espagne et de France, le narrateur dit : « Estaba el patron mirando a todos partes, demudada la color, sospirando, catando en el agujà e *en la carta de marear.* »

déjà dit, forme un ensemble parfaitement homogène. Les documents se répètent avec des variantes sans importance, et il ne faudra rien moins que la renaissance de la géographie grecque, à la fin du xve siècle, pour introduire dans ces allures traditionnelles des modifications, d'ailleurs toutes défavorables.

On sait comment la première version de Ptolémée, exécutée par Jacques Angelo de Florence se répandit à travers l'Europe à l'aide de copies manuscrites, puis d'éditions imprimées se succédant avec une grande rapidité[1]. Les manuscrits les plus anciens ou les meilleurs de l'*Hyphégèse géographique* avaient conservé vingt-six cartes en projection plate, parmi lesquelles il s'en trouvait quatre consacrées aux régions que nous venons d'étudier plus particulièrement. Ces cartes représentent la Grande-Bretagne fortement courbée en forme d'S à ses deux extrémités, la péninsule danoise toute déjetée vers l'Orient, les terres scandinaves dépecées et la Baltique largement ouverte vers le Nord. Ces formes rétrospectives, si différentes de celles que la tradition nautique a consacrées depuis un siècle et demi, vont prévaloir, en partie du moins, dans les œuvres géographiques. L'hydrographie ne les acceptera cependant que pour un temps assez court et les dessinateurs de cartes marines, tout en donnant à la Grande-Bretagne et au Jutland les formes tourmentées des mappes ptoléméennes, compliqueront étrangement les côtes norvégiennes par des additions empruntées à une nouvelle nomenclature nordique mal comprise ou mal appliquée[2].

Mais, dès la seconde moitié du xvie siècle, les travaux de Mercator et de son école auront remis toutes choses en place. Le progrès ne s'arrêtera plus et la carte du Nord de l'Europe, dont nous venons de suivre les premières transformations, arrivera, par une série d'améliorations graduelles, à l'état de perfection où nous la voyons aujourd'hui.

(1) Cf. d'Avezac. *Coup d'œil historique sur la projection des cartes de géographie*, p. 42.

(2) Nous faisons allusion à l'*Englouelant* de certaines cartes de l'époque. — Cf. E.-T. Hamy. *Notice sur une mappemonde portugaise anonyme de 1502, récemment découverte à Londres* (*Bull. de Géographie hist. et descript.*, t. I, p. 155, 1886.)

APPENDICES

I

NOMENCLATURE COMPARÉE DES NOMS DE LIEUX DES ILES-BRITANNIQUES

DANS LES PREMIÈRES CARTES ITALIENNES ET CATALANES

CARTE PISANE (XIIIe siècle)	P. VISCONTE (1318)	ATL. LUXORO (vers 1325)	DULCERT (1339)	ANONYME GÊNOIS (1351)	ATLAS CATALAN (1375)	CARTES MODERNES
			Irlande.			
»	»	»	HIRLANDA	IRLLANDA, HIBERNIA	IRLANDA	IRLANDE
—	—	—	—	—	—	—
»	»	»	Ingildaculy	Ingildagli.	»	Achill I.
»	»	»	Insule de T'conel.	I de T'conel.	Insula de T'conel.	Tyrconell.
»	»	»	Cauo seligra.	Cap seligra.	Cano seligra.	Sligah.
»	»	»	Abram.	Abram.	Abram.	Arran I.
»	»	»	Comincidela.	Comencideli.	Comincidela.	Conail Cinel.
»	»	»	Bordeali.	Bordeali.	Bordeali.	Broad haven.
»	»	»	»	Lac' fortunats.	Lacus fortunatus.	Lough Corrib.
»	»	»	Insule lacaris.	Insule lacharis.	Insule lacaris.	I. du Lough Keara.
»	»	»	Cofrechlan.	Confrenchelan.	Confrenchelan.	Ellan s'fradadory? (S. Patrick's purgatory).

			Ororim.	Ororim.	Ororim.	Oranmore.
			Laymerich.	Laymerich.	Laymerich.	Limerick.
			Cap strūbren.	Cāp strubren.	Cap stromibrē.	?
			San brādan.	San brandan.	San branda[n].	S. Brandon hill.
			Leden.	Ledeng.	Ledens.	B. de Dingle.
			Dranert.	[Dra]nert.	Dranert.	Ardeannaght.
			Boreal.	Boreal.	Bereal.	Bray head.
			Drorosei.	Drorosei.	Drorosey.	Dursey I.
			Bire.	Bire.	Bire.	Bear I.
		„	Cao cauena.	Caoraueua.	Caccauena.	Crook haven.
		Gleabarom.	Glenbaron.	Grenbarō.	Grenberon.	Skibbereen?
		Domborg.	Donborg.	Domborg.	Donborg.	Dunbeacon.
		Olarcos.	Olarcos.	Olarcos.	Olarcos.	C. Clogh.
		Camalot.	Camelat.	Comelat.	Camelat.	Timoleagh?
		C. Veio.	Cāp veio.	„	Cauo veyo.	Old head.
		Adeforda.	Andelfrōda.	Andelfronda.	Andelfronda.	?
		Godeforda.	Godelfrōda.	Grodelfrōda.	Godelfronda.	?
„	„	For.	Corch.	Corch.	Corch.	Cork.
„	„	„	„	„	Ballicoti.	Ballicoton.
„	„	Lioc.	Liocles.	Liache.	Liocles.	Cloyn.
„	„	„	„	„	Minart.	Minehead.
„	„	Domgraua.	Gāul.	Garuam.	Grauan.	Dungarvan.
„	„	Garaforda.	Gataforda.	Gataforda.	Gataforda.	Waterford.
„	„	Roxi.	Rois.	Rois.	Rois.	Ross.
„	„	„	„	„	Ertamer.	Tramore.
„	„	„	„	„	Croc.	Crok.
„	„	Dondab.	Dendoch.	Bondach.	Dendach.	Dungannon.
„	„	Fredit.	Fredit.	Fredit.	Fredit.	Feathard.

»	»	Leban.	»	Elebano.	Elebano.	Bannow B.
»	»	Rixalt.	Risalt.	»	Risalt.	Saltee I.
»	»	Ocxorda.	»	Oesorda.	Desorda.	Wexford.
»	»	Rexna.	Rexnas.	Resnas.	Resnax.	Rosslaer ?
»	»	Arcelo.	Archelo.	Arcelo.	Archelo.	Arklow.
»	»	Vicelo.	Vichelo.	»	Vichelo.	Wicklow.
»	»	Arecom.	Arecom.	Arecon.	Arecom.	Harristown.
»	»	Bre.	Bres.	»	»	Bray R.
»	»	Domuelin.	Donuelin.	Donuelim.	Donuelin.	Dublin.
»	»	Irlandaxea.	»	Irlandesea.	Irlandesea.	Irland's Eye.
»	»	Ordez.	Or[des].	Ordes.	Ordes.	Swords.
»	»	Losco.	[L]os[co].	Losco.	[Lo]sco.	Lush.
»	»	Vnda.	Canostet.	Canoster.	Canostet.	C. Stet.
»	»	Dero.	[Dro]rda.	»	Drorda.	Drogheda.
»	»	Dondazo.	Darche.	»	[Dar]che.	Dundalk.
»	»	»	Carenforda.	Carenforda.	[Care]forda.	Carlingsford.
»	»	Stanforda.	Stanfoda.	Storforda.	[Estanf]orda.	Strangford.
»	»	Chenofrit.	Chenochfrig.	Ch'nochfrig.	[Chen]ofrich.	Carrickfergus.
»	»	Verforda.	»	»	Verforda.	»
»	»	»	Monefi.	Monefii.	Monefii.	Monay.
»	»	Dansobrinim.	Donsobrin.	Donsobri.	Dansobrin.	Dunseverick.
»	»	»	Porto rosso.	Porto rosso.	Portresso.	Port Rush.
»	»	»	Lebam.	Lebam.	Lebam.	Bann haven.

Iles autour de l'Irlande.

»	»	»	Ardoin.	Ardroim.	Ardoin.	»
»	»	»	Bofin.	Boffim.	Bofin.	Inish bofin.

»	»	»	Arim.	Arim.	Arim.	Aran I.
»	»	»	Brascher.	Brasscer.	Brascher.	Blasquets I. -
»	»	»	Scalis.	»	Scalis.	Skellig I.
»	»	»	»	Leps d'Irlanda.	Lesper dirlanda.	Skarif. Skryf I.
»	»	»	Cap de clar.	»	Cauo de clara.	Cap Clear.
»	»	»	»	»	Saltey.	Saltee I.
»	»	»	Insula de nam.	»	Insula de mam.	Man I.
»	»	»	Galuagia.	Galuaga.	»	»

Grande-Bretagne.

IZ. ENGRETERRA	INGHILTERA	INGELTERA	ANGLIETERRA	INGILTERA	ANGILTERA	ANGLETERRE
»	IZCLA SCOCIA	»	SCOCIA	SCOCTA	SCHOCIA	ÉCOSSE
—	—	—	—	—	—	—
»	»	»	Donfres.	Donfres.	Donfres.	Dunfries.
»	»	Norgales.	Norgales.	Norgalles.	Norgalles.	North Wales.
»	Cap Sto.	»	»	Cauo sco.	Cauo santo.	Holy Head.
»	»	Gales.	Galles.	Galles.	Virgalles.	South Wales.
»	»	Miforde.	Millefret.	Milefort.	Miraforda.	Milford haven.
»	»	»	Pombri.	»	Punbris.	Pembroke.
»	»	»	»	»	Calamerh.	Caermarthen B.
»	»	Tingit.	Tinbit.	Limbich.	Tinboch.	Tenby.
»	»	Toruaxi.	»	Poruaxi.	»	»
»	»	»	Bristoya.	»	Bremaset.	Worms head.
»	»	»	»	»	Vernas.	Pennarth point.
»	»	San Nicolo.	Sĉõ Nicolas.	Sĉõ Nicolao.	Sĉõ Nicolao.	S. Nicholas.
						(près Cardiff).
»	»	»	»	»	Suberna.	Saverne R.

»	Bristo.	Bristo.	Bristo.	Bristo.	Bristo.	Bristol.
»	»	Santalena.	Sc̃a elena.	»	»	Elmore?
Cornoalla.	»	»	Cornualia.	»	»	Cornouailles.
»	»	Patisto.	Patrifto.	Patrifto.	»	Padestow.
»	Longaner.	Longaner.	»	»	»	Landsend (?)
»	»	Muxafola.	Musafola.	»	Musafola.	Mousbole.
»	Giscardo.	Lixerta.	Cap de lisart.	Lixa.	C. Lisart.	C. Lizard.
»	Falemua.	Falamua.	Falemua.	Falemua.	Falemua.	Falmouth.
»	»	Codemua.	Godeman.	Codemua.	G. deman.	Dodman-point.
»	Sauic.	Fabie.	»	Sauhie.	Sabbie.	S. Blaise.
»	Portmua.	Pe mua.	Portmua.	P̄mua.	Portmua.	Plymouth.
»	Godester.	Codester.	»	Godester.	Godester.	C. Goustard.
»	Artamua.	Artamua.	Artamua.	Dartamua.	Artmua.	Dartmouth.
»	»	Sanpelioco.	»	»	»	»
»	»	Tores.	Tores.	Tores.	Tores.	Tor bay.
»	»	»	Tingamua.	Tingamua.	Tingmua.	Teignmouth.
»	»	»	Lim.	Lim.	Lim.	Lymn.
»	Porlani.	Saco de porlam.	Saco de porlam.	Saco de põlam.	Sco de porlan.	Portland Church.
»	»	Cauo de porlam.	Cauo de porlam.	C. de porlam.	Cauo de perlan.	C. Portland.
»	»	Santermo.	Sc̃o antermo.	S. Antermo.	Sc̃o antermo.	S. Aethelmer
»	Sc̃a pola.	Sanpolo.	Sc̃a pola.	S. Polla.	Sc̃a polla.	Poole.
»	Ballaner.	Balaner.	Balener.	Balener.	Balener.	?
»	Calcefore.	»	»	»	»	»
»	Antona.	Antona.	Antona.	Antona.	Antona.	Southhampton.
»	»	Anbra.	»	»	»	Hamble Haven.
»	Portamua.	Portamua.	Portamua.	Portamua.	Portamua.	Portsmouth.
»	Ciuita.	Ciuita.	»	Ciuita.	Ciuita.	Chichester.

»	»	Soram.	Soram.	Solam.	Soran.	Shoreham.
Scanforre.	»	Sanfor.	Saforda.	Saforda.	Safurda.	Seaford.
»	Belcef.	Belzer.	Beoc;p.	»	Beocep.	Beachey head.
.	Restingues.	Befera.	»	»	»	»
.	Ginsellexeo.	Gisalexio.	Guinsalexeo.	Gunsalexeo.	Guinsalexeo.	Winchelsea.
»	Romanco.	Romaneo.	Romaneo.	Romaneo.	Romaneo.	Romney.
Ciuitate Dobra.	Dobla.	»	Dobla.	Dobra.	Dobla.	Douvres.
Sco pomas de Conturba.	»	»	»	»	»	Cantorbery.
»	Sanuis.	S. tua.	Sanuix.	»	Sanuir.	Sandwich.
»	Licroeci.	»	»	.	»	»
Ciuitate Londra.	Londres.	Londra.	Londres.	Londres.	Londres.	Londres.
»	Tamisa.	Tamixa.	Tamexa.	Tamixa.	Tamixa.	Tamise, fl.
.	Vroellem.	Orelem.	Orollem.	Orolem.	Orolem.	Orwell.
.	»	Areorda.	Oreorda.	Oreorda.	Oreorda.	Arwerton.
.	Arois.	Aroic.	Arois.	Arois.	Arois.	Harwich.
.	Arevorde.	Aruolda.	Areuorda.	Arolorda.	Areuorda.	Oxford.
.	»	»	Torquelay.	»	Tarquelay.	Kirkley.
.	Jarnemua.	Iarnemua.	Jarnemua.	Jarnemua.	»	Yarmouth.
.	»	Befor.	Cafor.	Cafor.	Cafor.	Castor.
.	»	Codener.	Godaner.	Godaner.	Godaner.	Godaner.
.	»	Astaxer.	Aftacer.	Aftacer.	Afcacer.	Oxtrant?
.	»	Cacardo.	Cacardo.	Cachardo.	Cacardo.	Kirkdale.
.	Baroisset.	Bracanelli.	Bracanea.	»	»	»
.	Leonim.	Lenem.	Lena.	Lenna.	Lena.	Lymn Regis.
.	»	»	Ely.	Ely.	Elly.	Ely.
.	Gulffo de Sanbetor.	Sanbitor.	Sanbetorfo.	Senbetor.	Sanbetorf.	S. Botholf. Boston.
»	Reusse.	Rauanxo.	Rauenzor.	Rauenzor.	Ranenzor.	»

»	»	»	Nisa.	Nixa.	Nissa.	Naith.
»	»	»	Vnbra.	Vmbo.	Vnbro.	Humber fl.
»	Vllo.	Vllo.	Vllo.	Vllo.	Vl'o.	Hull.
»	»	»	Cauovenbro.	Camp vembro.	Cauo Vnbro.	Cap de l'Humber (Sprunhead).
»	»	»	Scardenborg.	Scardeborgo.	Scardenborg.	Scarborough.
»	»	»	Sutina.	Sutina.	Sutina.	Tyne R.
»	»	»	»	»	Banborg.	Bambrough.
»	»	»	Tueda.	Tueda.	Tueda.	Tweed R.
»	Bervich.	Berloc.	Beruhic.	Beruhic.	Beruhic.	Berwick.
»	»	»	Cauodorada.	Camp dorada	Cauo dorado.	Whan Ness ?
»	»	»	Fert.	Fret.	Fert.	Firth.
»	»	»	»	»	Rochburch.	Roxburgh.
»	»	»	Donde.	»	»	Dondey.
»	»	»	Latara.	»	Latara.	Tay R.

Iles au sud-ouest et au sud de la Grande-Bretagne.

»	Casia ?	Carde.	»	»	Caldey.	Caldy I.
»	»	Ramuxain.	»	»	»	Ramsay I.
»	»	Londel.	Londoy.	»	Londey.	Londey I.
»	»	Glis.	Grieis.	»	»	»
»	»	Sorlinga.	Sorli[nga].	»	Sorlinga.	Sorlingues Is.
»	»	Setepiere.	»	»	Peres.	Seven Stones Is.
»	»	»	Lengasneo	»	»	Lands-End.
»	»	Loxel.	»	»	Lose.	Lethowsow, Lisaia.
»	»	Huic.	Huic.	»	Huic.	Wight I.

Iles au nord et au nord-ouest de la Grande-Bretagne.

»	»	»	Insula de Tile.	»	Insula de Tilfe de Schocia.	»
»	»	»	Insula Scetiland.	Siltant.	Illa de Scillanda.	Iles Shetland.
»	»	»	Insula Orchania.	»	Insula Archania.	Iles Orcades.
»	»	»	Insula Chatenes.	»	Ila Chatanes.	Caithness.
»	»	»	Insula Scuj.	Insula Scuj.	Insula Scuia.	Ile de Skye.
»	»	»	Argate.	Agate.	»	Ile Egach.
			Ledros.			Torosay (Ile de
»	»	»		»	»	Mull).
»	»	»	Ledel.	Ledel.	»	I. Deer (Vattersay)
»	»	»	Bra.	»	»	. Ile de Bara.
»	»	»	Ledir.	»	»	Ile Tirely.
»	»	»	Ragrr.	»	»	Ile Raghlin.
»	»	»	Lesir.	»	»	Ile Islay

II

NOMENCLATURE DES PAYS DU NORD DE L'EUROPE

DANS LES DOCUMENTS ESPAGNOLS DU XIVe SIÈCLE

DULCERT (1339)	CONOSCIMIENTO (vers 1350)	ATLAS CATALAN (1375)	ANONYME CATALAN XIVe siècle (M. Borb.)	CARTES MODERNES
NORVECA OU NOVERGIA	NORVEGA	NURUEGA OU NORUEGA	NORUEGA	NORVÈGE
Alogia.	»	»	»	Aalesund.
Tronde.	Tronde.	Tronde.	Tronde.	Trondheim.
Nidroxia.	Nidroxia.	Nidrosia.	Nidrosia.	ou Nidaross.
Bergis.	Begis.	Bregis.	Bregis.	Bergen.
Mastranto.	»	Mastranto.	Mastranto.	Marstrand.
Trunberg.	Trunberec.	»	Tirunberg.	Tunsberg.
SUECIA	SUEVIA	SUESCIA	»	SUÈDE
Lacus scarsa.	Lacus escarse.	»	»	Lac de Scara, Venern.
Scarsa.	Tarsa.	Scarsa.	Scarssa.	Skaraborg.
Lunde.	»	»	Lunde.	Lund (a).
Scamor.	»	Scamor.	»	Skanör.
Andine.	Andine.	Dondina.	Dondina.	»
Chiclobergis.	Chicobergis.	»	Chiclobergis.	Colberg (All.).
Lundes.	Landis, Londis.	»	Landes.	Lund.
Ystach.	Ystat. Ystac.	»	Royostorb.	Ystad.

Sormershans.	Formeans. Sormences.	»	Somershans.	Cimbrishamn.
Aoxia.	»	»	Aoxia.	Ahus.
Lacus stocol.	Lacus estocol.	»	Stagno stocol.	Lac de Stockholm, Vettern.
»	Golfus stocol.	»	»	Golfe de Stockholm.
Stocol.	Estocol, Estocal.	»	Stocol.	Stockholm.
Kalman.	Calman.	»	Clamam.	Calmar.
Suderpigel.	Surdepinche, Sordepin.	»	Sodechping.	Söderköping.
Riperia roderin.	»	»	Assingland.	?
Cāp de vexiom.	»	»	Cauo devexiom.	Vexiö.
Fl. vettur.	»	»	Flum. uectur.	Vettern.
Roderin.	Roderin.	»	Rodrim.	Rosladen.
Flum etham.	Rio echan.	»	Flum. etham.	Dal-Elf.
Bondolh.	Bondola, Bondelet.	Brundolch.	Insula brundolo.	Bornholm I.
Mare noricom.	Mar de alamaña.	Mar de lamanya.	Mar dallemania.	Mer Baltique.
et suecie.	»	Mar de gotlandia.	Mar de gotilandia.	»
Liter.	Lister, Biscar.	»	Insula lister.	Loet I.
Colad.	Insola cola.	»	Insula colant.	Oland I.
Gotilandia.	Gotlandia, Godlandia.	»	Insula de galandia.	Gothland I.
Visbi.	Bisuy.	Insula de Visbi.	»	Wisby.
Oxilia.	Oxilia.	Oxilia.	Insula de oxilia.	Oesel I.
Flum. nu.	Rio nu.	Flum. nu.	Flum. nu.	Neva fl.
Astachia.	»	»	Stachia.	SCYTHIE
Nogorade.	»	Nogardia.	Nogardia.	Novogorod.
Astachia.	»	Edill.	Edill.	Ilmen I.
RUTENIA	»	»	RUSSIA	RUSSIE
Vngardia.	Vngradia.	[Vng]ardia.	[Vng]ardia.	Novogorod (2).
Riga.	»	Riga.	Riga.	Riga.
»	Rinalia.	Rivalia.	Rivallia.	Revel.

POLONIA	POLONIA, PALONIA, PALONTA	POLONIA	»	POLOGNE
Ciuita de leo.	Cibdat de leon, Lunbrec.	Ciutat de leo.	Leo.	Léopol, Lemberg.
Ciūit polonia.	»	Pollonia.	Pollania.	Polanicz.
Ciūit cracouia.	Curconia.	Cracouia.	Carcouia.	Cracovie.
Sandamirio.	»	Sudumeia.	»	Sandomir.
»	»	Prussia.	»	Pacsse.
»	»	Sudona.	»	Schidlow.
»	»	Foczim.	»	Osviezim.
Litefania.	Litefania.	Litefanie pagans.	Cast° litefanie paganorum.	Lithuanie.
Fl. Sismaticis.	Sismatici.	»	Flum. cismaticis.	»
Kareland.	Catalant.	Carelant paganis.	Cast° carelant paganorum.	Courlande.
Fl. vandalorum.	Vandalor.	»	»	Vistule fl.
Vandalia.	Auandalia.	»	Flum. vendalo.	»
Turon.	Turonie.	»	»	Thorn.
»	»	Prutenia.	Prutenia.	»
»	»	Cucenso.	Cucenio.	Kœnigsberg.
Lacus nerie.	»	Stago nerie.	Lacch nerie.	Frisch Nehrung.
Neria.	»	Nerie.	Neria.	»
Godansce.	Dançicha.	Godansse.	Godanse.	Dantzig.
Elbingana.	»	Albing.	Albirg.	Elbing.
Scorpe.	Escorpe.	Scorpe.	Scorpe.	Stolpe.
Fl. Odra.	»	»	»	Oder fl.
»	Sirca.	Sira.	Sira.	Sieradz.
»	»	Posa.	»	Posen.
»	»	Asna.	Asna.	Gniesen.
»	»	Ceam.	»	Cieschin.
»	»	Epoll.	»	Opole.
»	»	Garagona.	»	Kargow.

»	Posna.	Posna.	Posna.	Posen.
Montes Boemorum.	»	»	Montes boemorum.	Montagnes de Bohème.
»	Coruerie.	»	Ecocia.	?
Lacus alech.	»	Lacus neria.	Lacus alech.	Putziger Nehrung.
Allech.	Alechon.	Alech.	Alech.	Hela.
Stetin.	»	Stelin.	Stelin.	Stettin.
»	»	»	Laodis.	»
»	»	Colberg.	Colberg.	Colberg.
»	»	Stadin.	Steti.	Neu Stettin.
»	»	Guarpe.	Garpe.	Warf ?
Grisvaldis.	Grisvaldiz.	Grisvaldis.	Grisvaldis.	Greifswald.
Lundis magne.	Bondismague.	Ludis magna.	Lundis magna.	Lüdershagen.
Roystock.	Rosgot.	Roystock.	Royostoch.	Rostock.
Vsmaria.	»	Vsmaria.	Vsmiria.	Wismar.
Lubech.	Leobec, Lubec.	»	Lubench.	Lubeck.
Ruya.	Ruyna.	Ruya.	Ruya.	Rugen I.
Eria.	Erria.	Eria.	Eria.	Arroe I.
»	»	Fanso.	Sanxo.	Falster I.
Jangland.	Ganglante, Jangland.	Jangland.	Jangland.	Langland I.
Finonia.	Finonia.	Finonia.	Finonia.	Fionie I.
Insula salandia.	Ynsula salanda.	Insula salanda.	Insula sallandia.	Seeland I.
Salandia.	Salandia.	»	»	Copenhague.
Aque Vilie.	»	Aque Vilic.	»	Slie R.
»	»	»	Servic.	Slesvig.
Introytus dacie.	Entrada de dacia de danes.	»	»	»
Cast° golorp.	Corp.	»	»	Gottorp.
»	Dandora.	»	Dandorg.	Dranderop.
»	Ardonxep.	»	Anderop.	Wanderop.

Caldeng.	»	»	»	Colding.
»	Orens.	»	Orgnes.	Horsens.
»	Artuz.	»	Arrus.	Aarhus.
Randeus.	Tandeur.	»	Rendeus.	Randers.
»	Abenbruc.	»	Almebrung.	Aalborg.
C. duxelant.	Punta dacia.	»	Cauo doxeland.	C. Skagen.
Burgalensis.	Burgalensis.	Burgalensis.	Burgalensis.	Borglum.
Tuia.	Biua.	Riua.	Ruia.	Thye.
Vusberg.	Burbena.	»	»	Wiborg.
»	Dazia, Danesmare.	Dacia.	Dacia.	DANEMARK
Ripis.	»	Ripiss.	Ripiss.	Rypen.
Insule scē.	»	Insule scē.	Insule scē.	I. Fanö, etc.
Leulie.	»	Leulie.	Leulie.	Eyder, r.
Frixia.	Frisa.	Ffrixa.	Ffrixa.	Frise.
Vangaroga.	»	Vuangroga.	Vuangaroga.	Wangeroog I.
Frixia.	Frisa.	»	»	Frise.
»	»	»	Scaxem.	Schausen.
»	»	Lesem.	»	Lentzen.
Stendar.	»	Stendar.	Stendar.	Stendhal.
»	»	Argentmunde.	Argentmonde.	Tangermunde.
Mandborg.	»	Mangobro[g].	Mangoborg.	Magdebourg.
»	»	Aquis.	Aquis.	Acken.
Flumen albia.	Albia.	»	»	Elbe fl.
»	»	»	Berg.	Mühlberg.
Guice.	Grisna.	Guise.	Guisse.	Würtzen.
Saxonia.	»	»	»	SAXE.
»	»	Missem, Misem.	Missem.	Meissen.
Dresden.	»	Dresden.	Dresden.	Dresde.

Perne.	»	»	»	Pirna.
Praga.	Praga.	Praga.	Praga.	Prague.
Fluvius albia.	»	»	»	Elbe fl.
Montes Boemorum.	Montes de Boemia.	»	»	Monts de Bohème.
Boemia.	»	»	»	Bohême.
Ollanda.	Colanda.	Ollanda.	Ollanda.	Hollande.
Masdiepa.	»	Masdiepa.	Masdiepa.	Mars diep.
Ardrohic.	»	Ardrohic.	Ardrohic.	Harderwyk.
P. scalingue.	»	Scalingue.	Scalingue.	Der Schelling.
Vtrech.	»	»	Vtrech.	Utrecht.
Grauesant.	»	Grauesant.	Grauesant.	S' Gravesande.
Fluvius maxe.	Maxa.	Maxa.	Maxa.	Rhin (inférieur).
»	»	Mossa.	Mossa.	Meuse, r.
Collogna.	Coloña.	Collogna.	Collogna.	Cologne.
Confluencia.	»	Conflansia.	Conflensa.	Coblentz.
»	»	Bopardia.	Bapardia.	Bopard.
»	»	Magontia.	Magonsia.	Mayence.
»	»	Veymacia.	Vey[ma]cia.	Worms.
Flumen rinus.	Rinus, Rrinus.	»	Fluuius rinus.	Rhin (supérieur).
Argentina.	»	Argentina.	Argentin[a].	Strasbourg.
Basilea.	»	»	»	Bâle.
Riuus de...	»	»	»	»
Sant Vsent.	»	»	»	Schaffhouse.
Lacus rinus.	»	Rinus.	[Lacus] rinus.	Lac de Constance.
Costancia.	»	»	»	Constance.
Alpes allamanie.	Alpes alemaña.	»	»	Alpes.
Fluuius mosela.	»	»	»	Moselle, r.
Litoringia.	»	»	»	Lorraine.

»	»	Lucembor.	Luchebor.	Luxembourg
Alsacia.	»	Alsacia.	Alsacia.	Alsace.
»	»	»	Mont de Alsacia.	Vosges, m^{ts}.
Dordret.	Dodrec, Dodrech.	Dordrel.	Dordret.	Dordrecht.
Scalt.	»	Scalt.	Scalt.	Escaut, fl.
Ost forn.	»	Ost forn.	Ost forn.	Ooster?
Seuda.	»	Scuta.	Scuta.	Schouwen?
Breuet.	»	Greuelet.	Greuelet.	Grouwe-dert.
Sollanda.	Solanda.	Sallauda.	Sallanda.	Zélande.
Grauelet.	»	Breuet.	Breuet.	Biervliet.
Ardenborg.	»	Ardenborg.	Ardenborch.	Ardembourg.
Clusa.	»	Laclussa.	Lasclussa.	L'Écluse.
Bruges.	»	Bruges.	Bruges.	Bruges.
Branzaberga.	»	Branzaberga.	Branzaberga.	Blankemberg.
Ostende.	»	Ostende.	Ostende.	Ostende.
Nofport.	»	Nofpor.	Nofporz.	Nieuport.
Flandria.	Flandes.	»	»	Flandres.

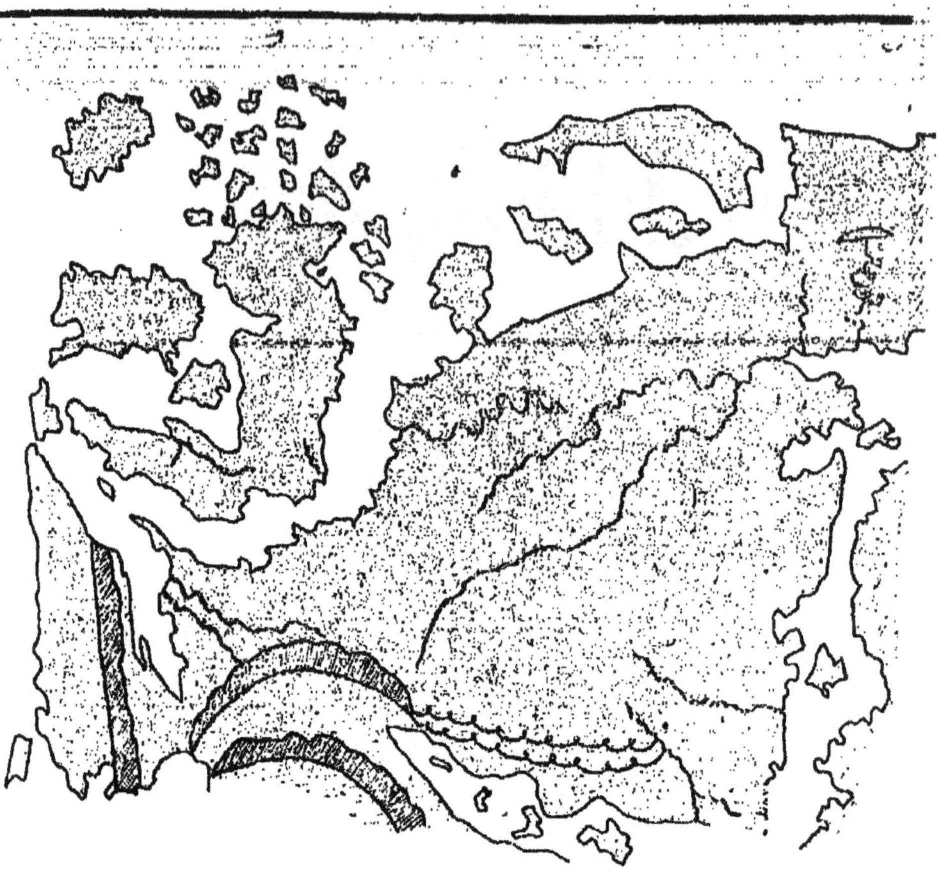

PARTIE DE L'EUROPE, d'après la mappemonde Cottonienne.

PARTIE DE L'EUROPE, d'après la mappemonde Rogérienne.

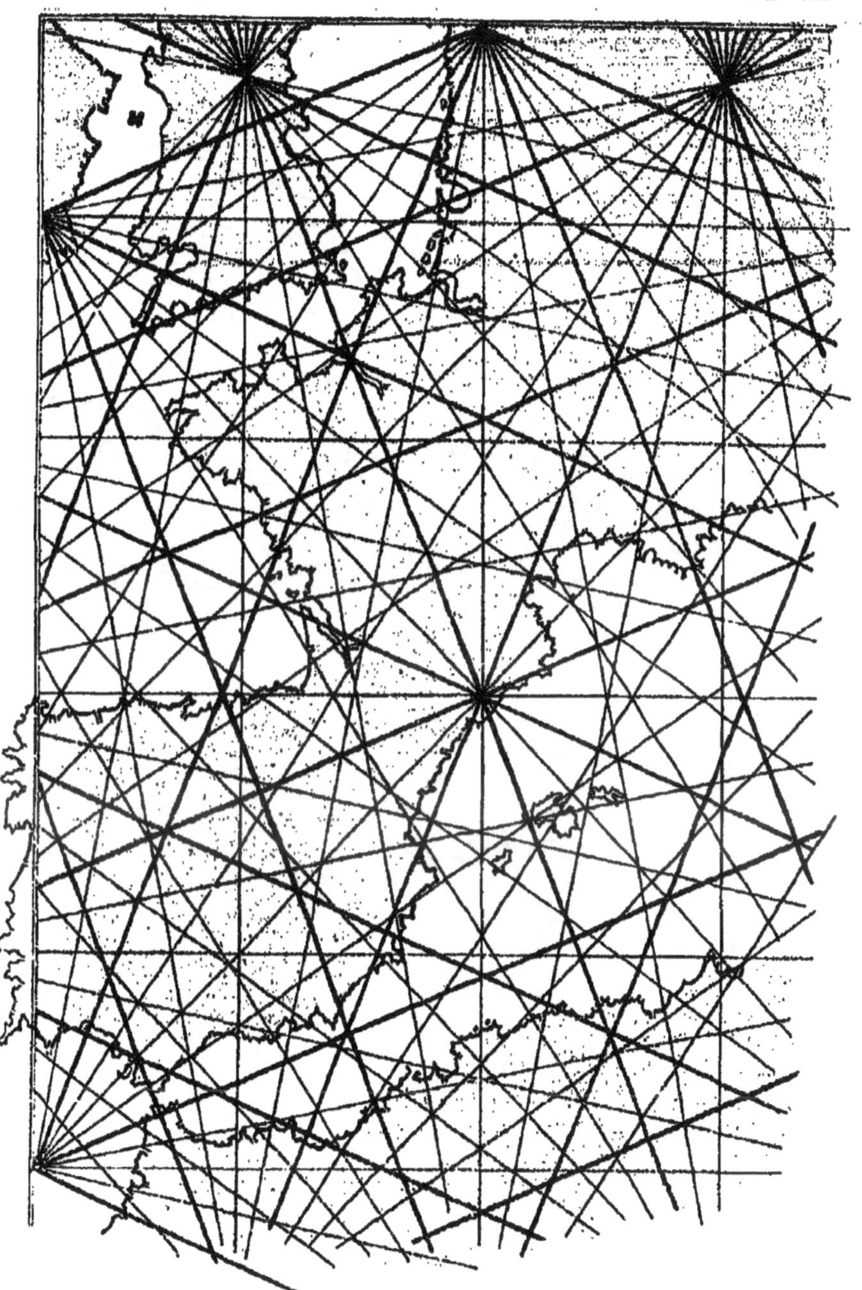

ESQUISSE D'UNE PARTIE DE L'EUROPE
d'après la carte mogrebine Ambroisienne.

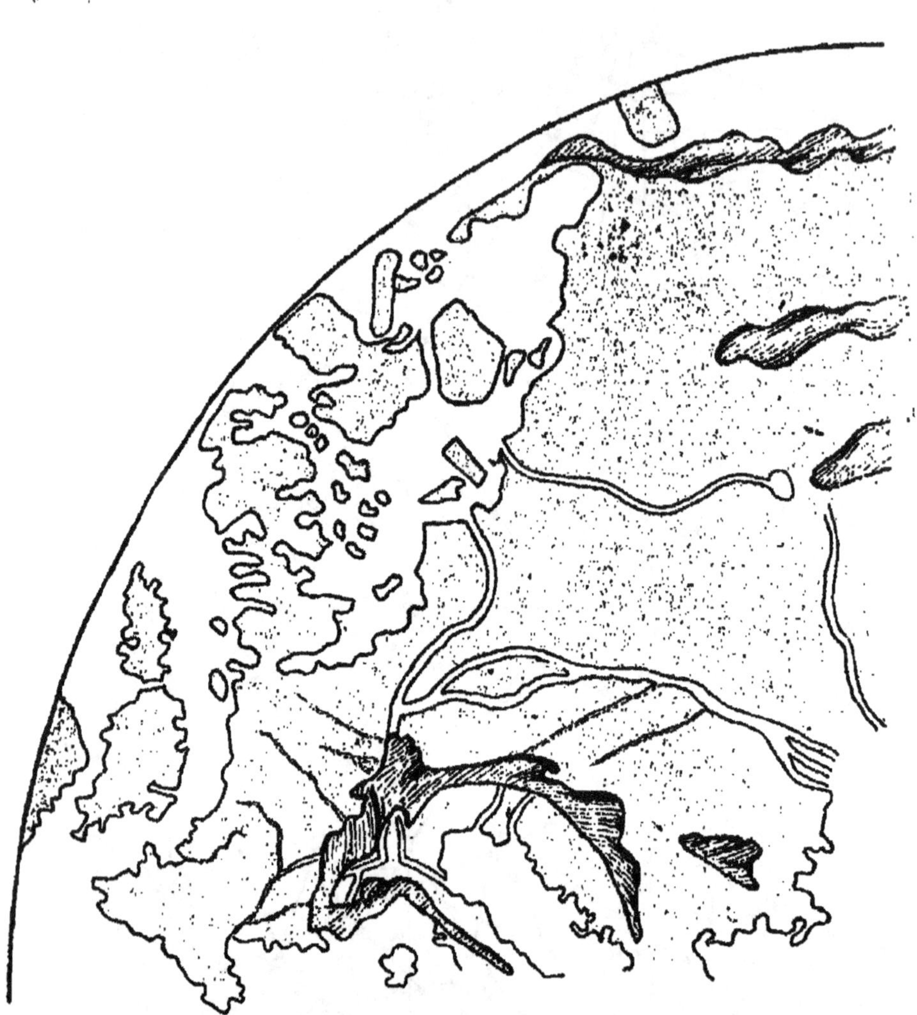

ESQUISSE D'UNE PARTIE DE LA CARTE D'EUROPE
d'après la carte Sanutine de Paris.

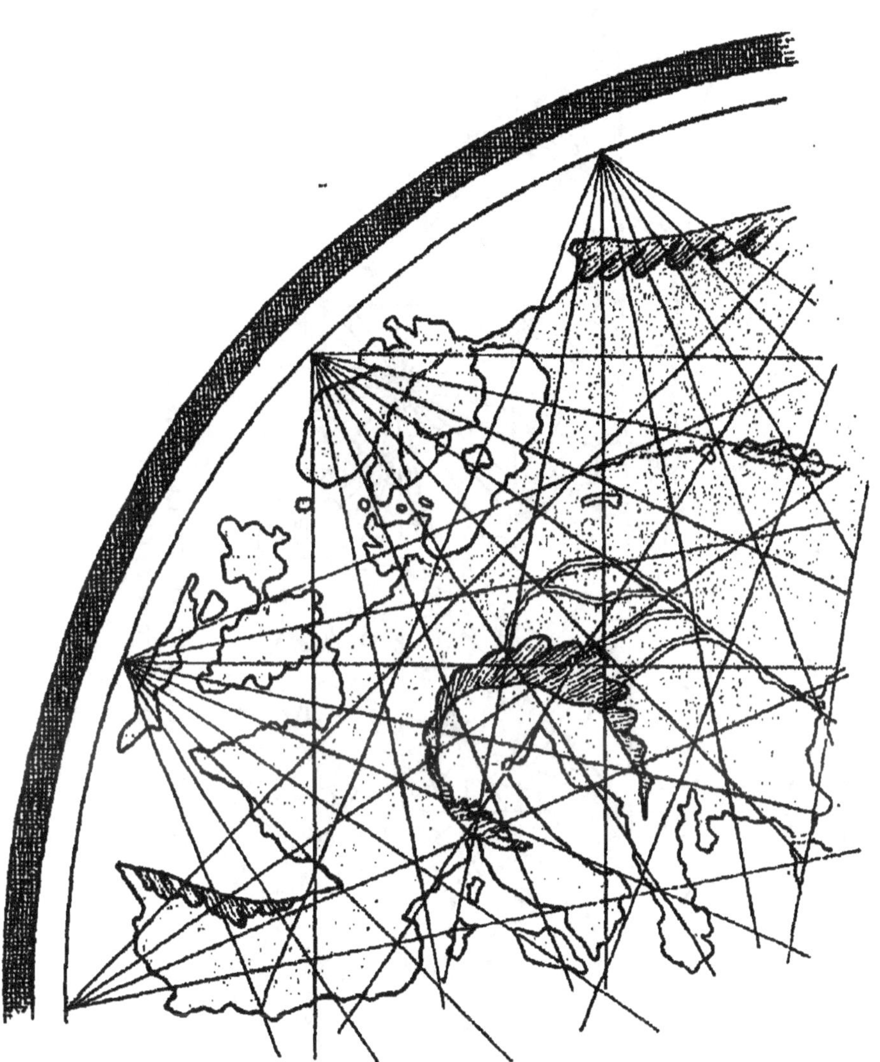

ESQUISSE D'UNE PARTIE DE LA CARTE D'EUROPE
d'après la carte Sanutine de Bruxelles.

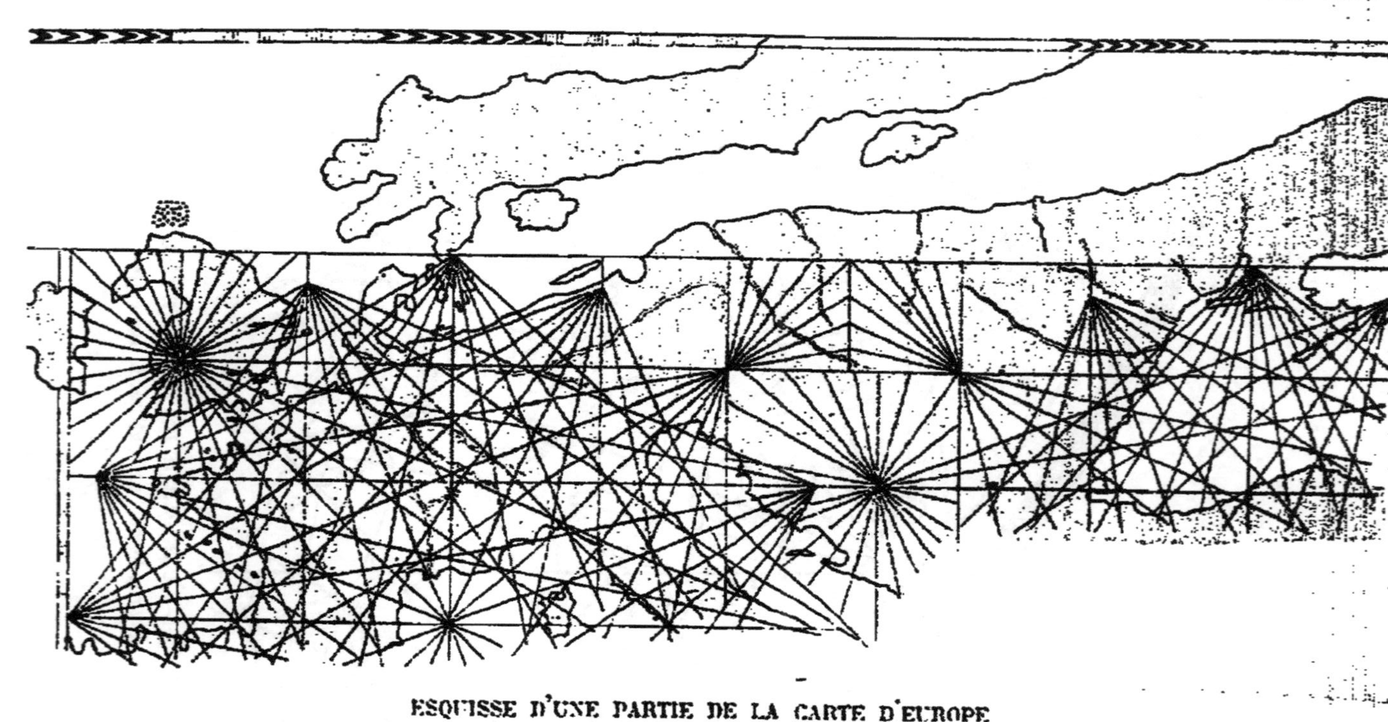

ESQUISSE D'UNE PARTIE DE LA CARTE D'EUROPE
d'après le planisphère de Giovanni da Carignano.

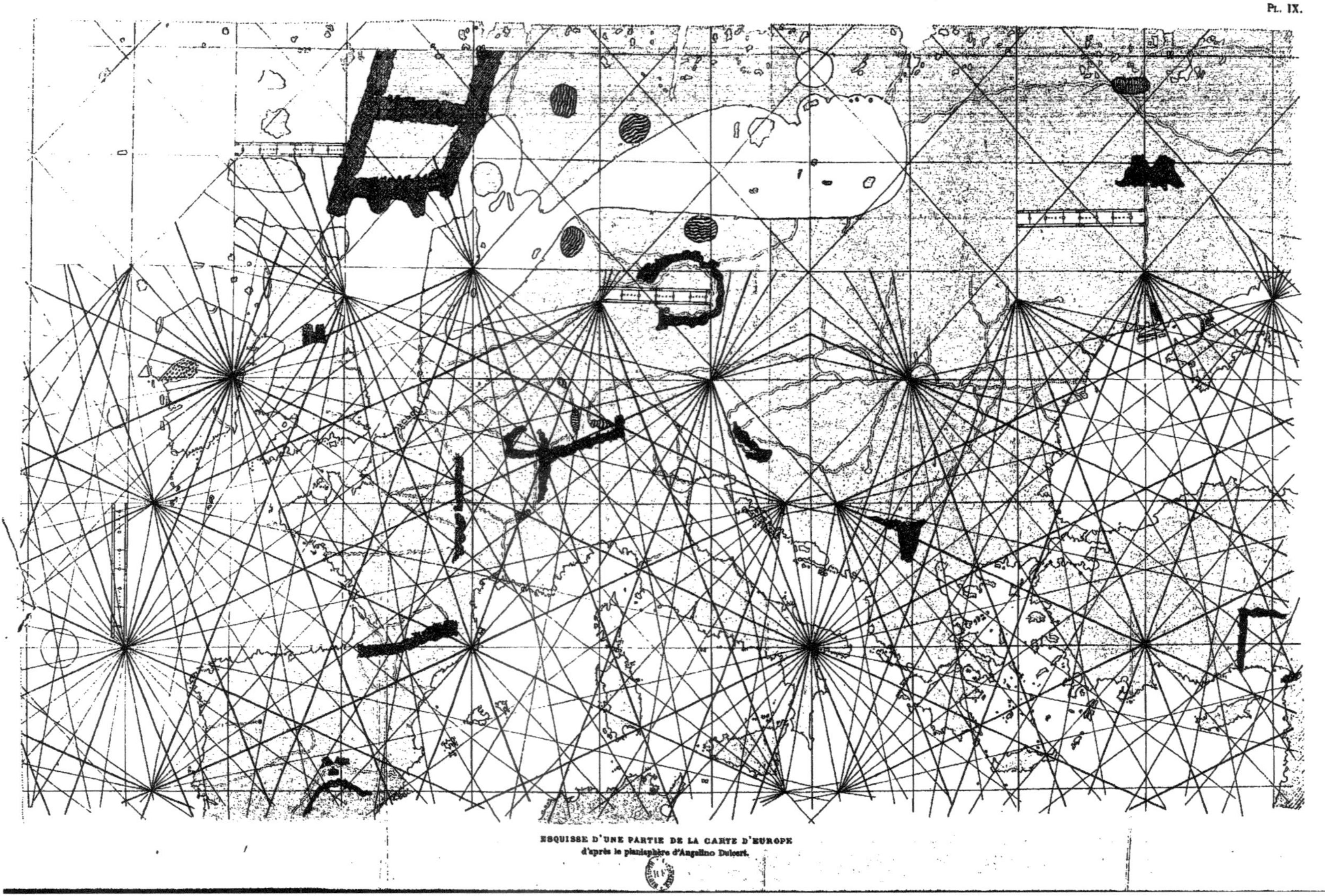

ESQUISSE D'UNE PARTIE DE LA CARTE D'EUROPE
d'après le planisphère d'Angelino Dulcert.

ANGERS, IMP. A. BURDIN ET Cie, RUE GARNIER, 4.

www.ingramcontent.com/pod-product-compliance
Lightning Source LLC
LaVergne TN
LVHW020338230826
846091LV00003B/929